OTANTİK UKRAYNA MUTFAĞI

Ukrayna'dan 100 Otantik Geleneksel Tarif.
Kolay ve Şık Kilo Vermek için Sağlıklı Düşük
Kalorili Vegan/Vejetaryen Diyeti

Muhammed Aslan

Telif Hakkı Malzemesi ©2024

Her hakkı saklıdır

Bu kitabın hiçbir bölümü, incelemede kullanılan kısa alıntılar dışında, yayıncının ve telif hakkı sahibinin uygun yazılı izni olmadan, hiçbir şekilde veya yöntemle kullanılamaz veya aktarılamaz. Bu kitap tıbbi, hukuki veya diğer profesyonel tavsiyelerin yerine geçmemelidir.

İÇİNDEKİLER

İÇİNDEKİLER 3
GİRİİŞ 6
KAHVALTI 7
   1. Ukraynalı Patates Krepleri 8
   2. Ukrayna Çavdar Ekmeği 10
   3. Ukrayna Köy Kahvaltısı 12
   4. Ukrayna Kahvaltı Hash 14
   5. Ukrayna Peynirli Krep 17
   6. Ukrayna Kahvaltılı Sandviç 19
   7. Ukrayna Bal-Limon Çayı 21
   8. Ukraynalı Siyah Ekmek 23
   9. Ukrayna Lahana Turşusu Ekmeği 25
MEZELER VE ATIŞTIRMALIKLAR 28
   10. Ukrayna Badem Hilalleri 29
   11. Ukrayna Kirazlı Köfte 31
   12. Ukraynalı Babka 33
   13. Kabak Turşusu 36
   14. Hızlı Salatalık Turşusu 39
   15. Turşu Mantarları 41
   16. Geleneksel Donutlar 43
   17. Melek Kanatları 46
   18. Ukrayna Pizzası 48
   19. Vegan Pierogi Lokmaları 50
   20. Mantarlı Baget 52
   21. Vegan Peynirli Çörekler 54
   22. Mendil Panky 56
   23. Mantarlı Karabuğday Kasesi 58
   24. Saz Kavrulmuş Pırasa 61
   25. Dumanlı Soğan ve Haşhaş Tohumu B okuma Rulosu 63
   26. Hindistan Cevizli Çörek 66
   27. Alabaş Şinitzel 68
   28. Mayalı Krep 70
   29. Erikli Meze 72
   30. Erik Ezmeli Vegan Krep 74
ÇORBALAR VE SALATALAR 76
   31. Ukrayna Usulü Pancar Çorbası 77
   32. Ukrayna Salatalık ve Limonlu Pancar Çorbası 80
   33. Ekşi Turşu Çorbası 82
   34. Pancar Çorbası 84
   35. Çilek / Yaban Mersini Çorbası 86
   36. Lahana Çorbası 88

37. TATLI VE EKŞİ KIRMIZI LAHANA 90
38. BAHUDUDU İLE KIRMIZI LAHANA YETİŞTİRDİ 92
39. SEBZE ÇORBASI 94
40. DOMATES ÇORBASI 96
41. TURŞU ÇORBASI 98
42. EKŞİ ÇAVDAR ÇORBASI 100
43. SOĞUTULMUŞ PANCAR ÇORBASI 102
44. MEYVE ÇORBASI 104
45. PATATES ÇORBASI 106
46. LİMON ÇORBASI 108
47. KUŞKONMAZ ÇORBASI 110
48. PANCAR SALATASI 112
49. KEREVİZ VE PORTAKAL SALATASI 114
50. SEBZE SALATASI 116
51. HİNDİSTAN CEVİZİ KREMALI SALATALIK 118
52. ALABAŞ ÇORBASI 120
53. UKRAYNA FASULYESİ ÇORBASI 122

ANA DİL 124

54. UKRAYNA'DAN GEFULLTE BALIĞI 125
55. UKRAYNALI DEREOTU TAVUK 127
56. UKRAYNA ET VE BALIK GÜVEÇ 129
57. UKRAYNALI GÜVEÇ 131
58. DARI İLE UKRAYNA LAHANASI RULOLARI 133
59. UKRAYNA SIĞIR STRAGANO FF 135
60. VEJETARYEN BİGOLAR 137
61. UKRAYNA MANTISI 139
62. TATLI LORLU SANDVİÇLER 141
63. ELMALI PİRİNÇ BUZ 143
64. ERİŞTE VE KÖFTE 145
65. ERİŞTE VE VEGAN PEYNİRLER E 147
66. MACARONI ÇİLEKLİ 149
67. MANTARLI ERİŞTE _ 151
68. TURPLU VEGAN PEYNİR 153
69. HAŞHAŞLI PASTA 155
70. UKRAYNA BALIĞI 157
71. LAHANA RULOLARI 160
72. PATATESLİ VE VEGAN PEYNİRLİ PIEROGI _ _ _ 162
73. FIRINDA BİRA TOFU 165
74. TATLI PATATESLİ PIEROGI 167
75. VEGAN ISPANAKLI TOP MAKARNA 170
76. PATATES VE HAVUÇLU BÖREKLER 172
77. HAŞLANMIŞ MANTI 175
78. YABANMERSİNLİ PIEROGI 177
79. KAYISI KOLACHE 180

TATLILAR **182**

80. UKRAYNALI HUYSUZ 183
81. UKRAYNALI CHEESECAKE 185
82. BAJADERKİ 187
83. ÇİKOLATA KREMALI MAZUREK 189
84. BALKABAĞI MAYALI BUNDT KEKİ 191
85. KREMALI RULOLAR 193
86. GOFRETLER 195
87. TATİL ELMALI TURTASI 197
88. PATATESLİ ZENCEFİLLİ BİSKÜVİ 199
89. MEYVE VE FINDIKLI FIRINDA ELMA 201
90. VEGAN BERRY CHEESECAKE 203
91. TATLI TAHILLI PUDİNG 205
92. CEVİZLİ HİLAL KURABİYESİ 207
93. ERİK GÜVEÇ 209
94. MARMELAT 211
95. PASKALYA KEKİ 213
96. VANİLYALI MUHALLEBİ PUDİNG 215
97. KREMALI ŞEKERLEME _ _ 217
98. ÇİKOLATA ERİKLİ BADEM _ 219
99. VEGAN TATLI PEYNİRLİ RULOLAR 221
100. UKRAYNA USULÜ HAŞLANMIŞ LAHANA SUFLESİ 224

ÇÖZÜM **226**

GİRİİŞ

Ukrayna mutfağının kalbini yakalayan 100 duygusal tarifin yer aldığı bir mutfak yolculuğu olan "Otantik Ukrayna Mutfağı"na hoş geldiniz. Bu yemek kitabı, Ukrayna mutfağını tanımlayan zengin ve çeşitli tatların, geleneklerin ve sıcaklığın bir kutlamasıdır. Nesiller boyunca aktarılan geleneksel yemekleri keşfederken, Ukrayna'nın ruhunu ve ruhunu yansıtan lezzetlerden oluşan bir doku yaratırken bize katılın.

Doyurucu pancar çorbası aroması, iştah açıcı varenyky'nin cızırtısı ve geleneksel Ukrayna tatlılarının tatlılığıyla dolu bir mutfak hayal edin. "Otantik Ukrayna Mutfağı" bir tarif koleksiyonundan daha fazlasıdır; Ukrayna mutfağının getirdiği konukseverliği, neşeyi ve konforu deneyimlemek için bir davettir. İster Ukrayna kökenli olun, ister Doğu Avrupa mutfağının lezzetlerine ilgi duyuyor olun, bu tarifler Ukrayna'nın özgün lezzetlerini yeniden yaratmanız için size ilham vermek üzere hazırlanmıştır.

Klasik pierogi'den rahatlatıcı holubtsi'ye kadar her tarif, Ukrayna mutfağını tanımlayan çeşitli ve duygulu tatların bir kutlamasıdır. İster bir aile ziyafeti planlıyor olun, ister Ukrayna tatlılarının lezzetlerini keşfediyor olun, bu yemek kitabı, Ukrayna mutfak geleneklerinin tüm yelpazesini deneyimlemek için başvuracağınız kaynaktır.

Her eserin Ukrayna mutfağının duygulu ve yürek ısıtan doğasının bir kanıtı olduğu "Otantik Ukrayna Mutfağı"nda bir yolculuğa çıkarken bize katılın. Öyleyse önlüğünüzü giyin, Ukrayna misafirperverliğinin zenginliğini kucaklayın ve bu sevilen mutfak geleneğinin özünü yakalayan 100 duygulu tarife dalalım.

KAHVALTI

1.Ukraynalı patates krepleri

İÇİNDEKİLER:

- 1 büyük Soğan; rendelenmiş
- 6 Patates; soyulmuş ve rendelenmiş
- 2 yemek kaşığı Un
- 2 yumurta
- 2 çay kaşığı tuz
- ¾ çay kaşığı karabiber
- 1 litre ekşi krema
- ½ litre krema

TALİMATLAR:

a) Büyük bir kapta, ekşi krema ve krema dışındaki malzemeleri püre haline getirmek için bir karıştırıcı kullanın. Bunu mutfak robotunda veya blenderda da yapabilirsiniz. Yağı bir tavada ısıtın ve sıcakken karışımdan büyük bir kaşık dökün. Bir tarafı kızarana kadar pişirin. Döndürün ve tekrarlayın. Bittiğinde çıkarın, boşaltın ve sıcak bir fırına koyun.

b) Ekşi krema ve kremayı birlikte karıştırın.

c) Büyük bir parça krema karışımıyla sıcak olarak servis yapın! Bu Ukrayna evlerinde temel bir malzemedir ve bu krepler buzdolabında 2-3 gün boyunca iyice saklanacaktır. Pek çok evde bu leziz kreplerin üzerine reçel veya reçel de servis ediliyor.

2.Ukrayna çavdar ekmeği

İÇİNDEKİLER:
- 1 çay kaşığı Maya
- ¼ bardak ılık su
- Mayayı içinde eritin
- su
- 1 fincan koyu kahve
- 1 çay kaşığı Siyahstrap pekmezi
- 3 su bardağı Tam çavdar unu
- ⅓ bardak Tam karabuğday unu
- 1¼ çay kaşığı Tuz

TALİMATLAR:

a) Kuru malzemeleri karıştırın. ¾ fincan kahve ve maya çözeltisini ekleyin. Karışım çok kuruysa, gerekirse kahvenin geri kalanını kullanın. Hamuru 5-10 dakika yoğurmak için ellerinize su kullanın.

b) Üzerini kapatıp oda sıcaklığında 2 saat dinlendirin. Fazla yükselmeyecek. Yine elinize su alıp hamuru kısa süre yoğurun. Tekrar üzerini örtüp nemli bir bezle örtüp 30 dakika daha mayalanmaya bırakın. Yine elinizdeki suyu kullanarak hamura 1 veya 2 uzun ince somun şekli verin.

c) Hamuru yağlanmış veya un serpilmiş bir kurabiye kağıdına yerleştirin. Hamuru ılık ve nemli bir yerde yaklaşık 45 dakika, hamur yumuşayana kadar mayalandırın. Çok az yükseliş olacak.

ç) Fırında bir tava su ile 450 derecede 20 dakika pişirin.

d) 375 derece F'de su olmadan 30 dakika daha pişirin.

3.Ukrayna köy kahvaltısı

İÇİNDEKİLER:
- 50 gr lardo, doğranmış
- 1 arpacık soğanı, ince dilimlenmiş
- 1 serbest gezinen tavuk göğsü, uzunlamasına ince dilimlenmiş
- 100 gr lahana
- 4 orta boy serbest gezinen yumurta

TALİMATLAR:

a) Lardo'yu büyük bir kızartma tavasında orta ateşte, yağın çoğu eriyene (eritilene) kadar yaklaşık 5 dakika pişirin. Arpacık soğanı ekleyin ve altın rengine dönene kadar (yaklaşık 4 dakika) pişirin.

b) Tavuğu ekleyin (kullanıyorsanız) ve 2 dakika pişirin, ardından lahanayı ekleyin ve 5 dakika daha pişirin.

c) Son olarak yumurtaları kırın, baharatlayın ve pişirin. Bunları bütün olarak bırakabilir ve beyazları katılaşana ve sarıları hala akıcı olana kadar pişirebilir veya karıştırıp karıştırabilirsiniz; her iki durumda da tadı harika olacaktır.

4.Ukrayna Kahvaltı Hash

İÇİNDEKİLER:
- 10 yukon altın veya rus patates küpler halinde doğranmış
- 2 yemek kaşığı taze bebek dereotu, doğranmış
- 1 soğan (orta boy) doğranmış
- ⅔ su bardağı lahana turşusunun suyu sıkılıp ince ince kıyılır,
- 1 375 gram halka şeklinde çift füme Ukrayna sosisi, halka şeklinde dilimlenmiş
- 2 ½ su bardağı dilimlenmiş mantar
- 1 yeşil biber doğranmış
- 2 yemek kaşığı bitkisel yağ
- 3 yemek kaşığı tereyağı
- 1 su bardağı kuru süzme peynir
- 2 diş sarımsak ezmesi
- 1 çay kaşığı tuz
- ½ çay kaşığı biber
- yumurtalar

TALİMATLAR:

a) Patatesleri küpler halinde doğrayın ve patatesleri mikrodalgada üstü açık tabakta/tabakta yaklaşık 15 dakika veya bir çatal patates parçalarının içinden kolayca geçinceye kadar pişirin, ancak patatesler hala sağlam/tutkan şekillidir.

b) Bu arada: yağı büyük bir tavada/kızartma tavasında orta-yüksek sıcaklığa ısıtın ve kubassa/kielbasa'yı düzenli olarak karıştırarak ve çevirerek 3-4 dakika soteleyin, ardından bir tabağa alın. Bir kenara koyun.

c) Tavaya 1 yemek kaşığı daha yemeklik yağ ekleyin, ardından yeşil biberi, soğanı ve sarımsağı orta-düşük ateşte 5 dakika soteleyin. Mantarları ekleyip 3-4 dakika daha pişirin. Ayrı bir kapta bir kenara koyun.

d) Tavaya tereyağını ekleyin ve patatesleri düzenli olarak karıştırarak ve çevirerek, dışı kızarıncaya ve içi yumuşayana kadar 15 dakika pişirin.

e) Daha sonra yeşil biber/soğan karışımını, kubassa'yı, lahana turşusunu, kuru süzme peyniri tekrar tavaya ekleyin ve yaklaşık 10 dakika daha karıştırarak pişirin.

f) Yumurta kullanıyorsanız: Yumurtaları dilediğiniz gibi pişirin ve haşlamanın üzerine koyun.

5.Ukrayna Peynirli Krep

İÇİNDEKİLER:
- 275 gr çiftçi peyniri
- 1 yumurta
- 50 gr sade un
- 2 yemek kaşığı pudra şekeri
- Tutam tuzu

TALİMATLAR:
a) malzemeleri blendera koyun ve çırpın
b) Karışımdan bir kaşık alıp unun içine atın. Dışını unla kaplayacak şekilde yuvarlayın. Hafifçe düzleştirin. Unlanmış bir tabağa veya doğrudan kızartma tavasına yerleştirin.
c) Altın kahverengi olana kadar her iki tarafta yaklaşık 3-4 dakika kızartın.
d) Reçel ve ekşi krema ile servis yapın

6.Ukrayna Kahvaltılı Sandviç

İÇİNDEKİLER:

- 1 yumurta
- 1 yemek kaşığı kuru süzme peynir
- ½ çay kaşığı dereotu
- 1 yemek kaşığı ekşi krema
- ⅓ fincan dilimlenmiş Ukrayna kielbasa'sı
- 1 çay kaşığı hardal
- ½ çay kaşığı yaban turpu
- 1 tam buğdaylı İngiliz çöreği
- 2 domates dilimi

TALİMATLAR:

a) İngiliz çöreğini kızart.
b) Yapışmaz pişirme spreyini kahve kupasının içine püskürtün. Yumurtayı bardağa kırın ve kuru süzme peynir ve dereotu ekleyin. Bir saniye kadar yavaşça karıştırın ve sarısını kırmamaya çalışın.
c) Yumurta karışımını 30 – 40 saniye (kapak ile) veya yumurta sertleşene kadar mikrodalgaya koyun. Kupanın içi ile yumurta arasında bıçağı gezdirerek yavaşça gevşetin.
d) Ekşi krema, yaban turpu ve hardalı karıştırın. İngiliz çöreğinin her iki tarafına eşit şekilde yayın.
e) İngiliz çöreğinin bir tarafını dilimlenmiş kielbasa ile kaplayın ve pişmiş yumurtayı kupanın dışına ve kielbasa'nın üzerine yavaşça kaydırın.
f) Dilimlenmiş domatesi ekleyin. Üstüne İngiliz çöreğinin diğer yarısını ekleyin.
g) Derhal servis yapın.

7.Ukrayna bal-limon çayı

İÇİNDEKİLER:
- 8 yemek kaşığı Turuncu Hint çay yaprakları
- 6 yemek kaşığı Taze sıkılmış limon suyu
- 2 yemek kaşığı Taze rendelenmiş limon kabuğu
- 1 fincan Bal

TALİMATLAR:

a) Çay yapraklarını ve limon kabuğunu tülbentten yapılmış bir torbaya koyun ve ağzını kapatın.

b) 2¼ litre suyu kaynatın, poşeti, limon suyunu ve balı ekleyin.

c) 5 dakika kaynatın, ateşi kapatın ve 10 dakika demlenmeye bırakın.

d) Sıcak servis yapın

8.Ukraynalı siyah ekmek

İÇİNDEKİLER:
- 1 çay kaşığı Aktif kuru maya
- ¼ bardak ; Su , ılık (sıcak değil!)
- 1 fincan Kahve, GÜÇLÜ; soğutulmuş
- 1 çay kaşığı Şeker pekmezi
- 3 bardak Tam çavdar unu
- ½ fincan Tam karabuğday unu
- 1¼ çay kaşığı Tuz

TALİMATLAR:

a) Mayayı ılık suda eritin. Pekmezi kahveye karıştırın.

b) Kuru malzemeleri birleştirin . Islak olanları ekleyip hamuru 10-12 dakika yoğurun. Bu noktada hamuru bir kaseye koyun ve 2 saat bekletin. Çıkarıp tekrar 3-4 dakika yoğurun. Öğütülmüş bir top haline getirin ve 30 dakika daha üzerini örtün.

c) Topu ellerinizin arasına alın ve yaklaşık 2-3 inç çapında, Fransız ekmeği somununa benzer uzun ince bir şekle getirin. Şu ana kadar tüm aşamalarda hamuru tutarken ellerinizi ıslak tuttuğunuzdan emin olun. Kurabiye kalıbını yağlayın ve üzerine hamuru yerleştirin. Hamuru ılık bir fırında (yaklaşık 85 derece F.) 45 dakika boyunca kabartın.

d) 375 derecelik nemli fırında (fırına metal bir kaseye 1 bardak su koyun) 20 dakika pişirin.

e) Su kabını çıkarın ve 375 derece F'de 30 dakika daha pişirmeye devam edin. Bu, bir uzun somun yapar veya 2 daha kısa somun veya hatta rulo haline getirilebilir.

9. Ukrayna lahana turşusu ekmeği

İÇİNDEKİLER:
- 1½ bardak Haşlanmış az yağlı ayran
- ½ fincan Ilık su (98 ila 110
- Derece F)
- 1 paket Aktif kuru maya
- 2 yemek kaşığı Hafif bal
- 4 Yumurtalar
- 14 bardak Tam buğday veya
- Ağartılmamış beyaz un
- 3 yemek kaşığı Aspur yağı
- 2 bardak Süzülmüş lahana turşusu
- ½ fincan Rendelenmiş havuç
- ½ çay kaşığı Biber
- ½ çay kaşığı Bitkisel tuz yerine

TALİMATLAR:
a) Büyük bir kapta ayran, su, maya ve balı birleştirin. Maya eriyene kadar karıştırın ve 5 dakika bekletin.

b) Küçük bir kapta yumurtaları çırpın, ardından maya karışımına ekleyin. 5 ila 6 bardak unu veya kalın bir hamur oluşturmaya yetecek kadar unu karıştırın. İyice karıştırın ve 20 dakika bekletin.

c) Hamuru 1 dakika kuvvetlice karıştırın, ardından 2 yemek kaşığı yağ ve kalın bir hamur oluşturacak kadar un ekleyin. Tezgahı veya ekmek tahtasını hafifçe unlayın ve hamuru tahtaya çevirin. Pürüzsüz ve elastik hale gelinceye kadar yoğurun (5 ila 10 dakika). Karıştırma kabını hafifçe yağlayın ve içine yoğrulan hamuru koyun. Kaseyi bulaşık havlusu ile örtün ve 40 dakika mayalanmaya bırakın.

d) Hamuru yumruklayın, ardından tekrar örtün ve 30 dakika daha kabarmaya bırakın.

e) Hamur ikinci kez kabarırken, kalan yağı, lahana turşusunu, havuçları, karabiberi ve tuz ikamesini küçük bir tencerede birleştirin. Bu karışımı, orta-yüksek ateşte, sık sık karıştırarak 10 dakika boyunca kapağı açık pişirin. Ateşten alın ve lavabonun üzerine yerleştirilmiş bir kevgir içine dökün. Lahana turşusunun 10 dakika kadar süzülmesine izin verin.

f) 9 x 12 inçlik bir fırın tepsisini hafifçe yağlayın ve fırını 350 derece F'ye önceden ısıtın. Hamuru 2 top halinde ayırın ve her birini 9 x 12 inçlik bir dikdörtgen şeklinde yuvarlayın. Fırın tepsisine bir dikdörtgen yerleştirin. Üzerine lahana turşusu karışımını kaşıkla dökün. Hamurun ikinci dikdörtgenini lahana turşusunun üzerine yerleştirin. Tavaya ulaşın ve hamurun alt ve üst katmanlarının kenarlarını birbirine sıkıştırarak sıkıca kapatın. 10 dakika kadar yükselmesine izin verin.

g) Lahana turşusu ekmeğini kızarana kadar (yaklaşık 45 dakika) pişirin. Kolayca tavadan kaldırılmalıdır. Bir raf üzerinde soğumaya bırakın ve ardından kalın dilimler halinde dilimleyin.

MEZELER VE ATIŞTIRMALIKLAR

10.Ukrayna badem hilalleri

İÇİNDEKİLER:
- 2 su bardağı ağartılmamış beyaz un
- 1 paket Kuru maya
- 1 su bardağı tatlı tereyağı, oda sıcaklığında
- 2 Yumurta sarısı, çırpılmış
- ¾ bardak ekşi krema

DOLGU:
- 2 su bardağı badem, kavrulmuş ve iri öğütülmüş
- ⅔ fincan ila 3/4 c esmer şeker, sıkıca paketlenmiş
- 2 Yumurta beyazı
- 1 tutam tuz

TALİMATLAR:
a) Hamur işi için un ve mayayı orta boy bir kapta karıştırın. tas.
b) Karışım kaba un kıvamına gelinceye kadar tereyağını bir pasta çatalıyla kesin. Yumurta sarısını ve ekşi kremayı ekleyip iyice karıştırın. Karışım hala ufalanacak.
c) Ellerinizi kullanarak hamuru top haline getirin, mümkün olduğunca az çalışın. Ne kadar az yoğurursanız hamur o kadar yumuşak olur. Hamur ele yapışan bir hamur olacak. Mumlu kağıda sarıp en az 2 saat soğutun.
ç) Öğütülmüş bademleri ve şekeri küçük bir kapta birleştirerek dolguyu hazırlayın. Yumurta aklarını ve tuzu sertleşene, ancak kuruyana kadar çırpın ve dikkatlice fındık karışımına katlayın.
d) Fırını önceden 375F'ye ısıtın. Hamur iyice soğuyunca üç parçaya bölün. Unlu bir oklava kullanarak yaklaşık ⅛" kalınlığında üç daire açın. Hamurun yapışmasını önlemek için iyice unlanmış bir yüzey üzerinde çalışın.
e) Her daireyi sekiz turta şeklinde dilime kesin ve dilimleri dolguyla yayın. Geniş uçtan başlayarak, her bir takozu küçük bir kruvasan gibi yukarı doğru yuvarlayın ve ardından bir "boynuz" oluşturmak için uçları bir eğriye doğru çekin. Pişirme sırasında "boynuzların" açılmaması için ucun altta olduğundan emin olun.
f) Badem hilallerini hafifçe yağlanmış bir fırın tepsisine yerleştirin ve altın rengi ve kabarıncaya kadar yaklaşık 30 - 40 dakika pişirin.

11.Ukrayna kirazlı köfte

İÇİNDEKİLER:
- 2 fincan çok amaçlı un; elenmiş
- 1 çay kaşığı Tuz
- 2 yumurta
- 1½ bardak konserve çekirdeği çıkarılmış vişne, süzülmüş
- ½ bardak Su
- 1 Yumurta beyazı
- 1 ila 3 yemek kaşığı Şeker

TALİMATLAR:
a) Unlu bir tahtada yoğurun. Top haline getirin ve 1 saat bekletin. Unlanmış tezgahta çok ince bir şekilde açın. Yaklaşık 4 inç çapında küçük yuvarlaklar halinde kesin.
b) Her dairenin alt yarısına 1 kaşık dolusu meyve dolgusu koyun. Kenarlarını hafifçe çırpılmış yumurta akı ile fırçalayın. Hamuru yarım daire oluşturacak şekilde üzerine dökün ve kenarlarını birbirine bastırın. Büyük bir kaynar su ısıtıcısına birer birer birkaç tane atın ve 15 ila 20 dakika veya köfteler yüzeye çıkana kadar hızlı bir şekilde pişirin. Oluklu bir kaşıkla çıkarın ve süzün. Sıcak servis yapın. İstenirse ılık vişne suyu ve koyu kremayla servis yapın.
c) Kirazları ve şekeri küçük bir tencereye koyun ve 5 dakika pişirin.

12. Ukraynalı babka

İÇİNDEKİLER:
- 1 paket aktif kuru maya
- tutam şeker
- ¼ bardak ılık su
- ½ su bardağı Tuzsuz tereyağı, eritilmiş
- ¼ bardak Şeker
- 1½ çay kaşığı Tuz
- 2 çay kaşığı Vanilya özü
- ½ çay kaşığı Badem özü
- ¾ bardak ılık süt
- 3 yumurta
- 4 su bardağı ağartılmamış çok amaçlı un
- 2 yemek kaşığı Tuzsuz tereyağı, hamuru fırçalamak için
- 3 yemek kaşığı Vanilya pudra şekeri veya pudra şekeri
- 1½ su bardağı Kuru süzme peynir
- ⅓ bardak Şeker
- 1½ yemek kaşığı Ekşi krema
- 1½ yemek kaşığı Un
- Her biri 1 Yumurta
- 1 çay kaşığı Limon kabuğu rendesi
- ½ çay kaşığı Vanilya özü
- 3 yemek kaşığı kuş üzümü
- 1/2 saat boyunca 2 yemek kaşığı konyak

TALİMATLAR:
a) Küçük bir kapta maya ve şekeri ılık suyun üzerine serpin ve karıştırarak çözünmesini sağlayın. Köpük köpük olana kadar yaklaşık 10 dakika bekletin. Büyük bir kapta tereyağı, şeker, tuz, vanilya, badem, süt, yumurta ve 1 su bardağı unu birleştirin. Bir çırpma teli ile pürüzsüz hale gelinceye kadar çırpın. Maya karışımını ekleyin. 3 dakika veya pürüzsüz olana kadar çırpın.

b) Yumuşak bir hamur oluşana kadar tahta kaşıkla yarım bardak un ekleyin. Hamuru hafifçe unlanmış bir yüzeye açın ve pürüzsüz ve ipeksi bir kıvama gelinceye kadar yaklaşık 5 dakika yoğurun.

c) Hamurun yumuşak kaldığından emin olun. Yağlanmış bir kaseye yerleştirin, üstünü yağlamak için bir kez çevirin ve plastik ambalajla örtün. Sıcak bir ortamda iki katına çıkana kadar (yaklaşık 1½ saat) mayalanmaya bırakın. Bu arada dolgu malzemelerini bir kasede birleştirin, krema kıvamına gelinceye kadar çırpın. Hamuru yavaşça söndürün, hafifçe unlanmış bir tahtaya çevirin ve 10 x 12 inçlik bir dikdörtgen şeklinde yuvarlayın veya hafifçe vurun.

ç) Eritilmiş tereyağı ile fırçalayın. Hamurun etrafında yarım inçlik bir kenarlık bırakarak dolguyu yayın. Jöleli rulo şeklinde sarın ve dikişleri sıkıştırın. Bir ucunu tutarak, bir ip oluşturmak için hamuru yaklaşık 6 ila 8 kez çevirin.

d) Düz bir bobin haline getirin ve iyice yağlanmış 10 ila 12 fincanlık bir kalıba veya tüp tepsisine yerleştirin. Uçları birbirine sıkıştırın ve hamuru tavada ⅔'den fazla dolu olmayacak şekilde eşit şekilde uzanacak şekilde ayarlayın.

e) Plastik ambalajla gevşek bir şekilde örtün ve tavanın üst kısmına kadar yaklaşık 45 dakika kadar yükselmeye bırakın. Önceden ısıtılmış 350 derece F. fırında 40 ila 45 dakika veya altın kahverengi olana ve kek test cihazı temiz çıkana kadar pişirin. Dokunduğunuzda içi boş bir ses çıkacaktır. Tavada 5 dakika bekletin, ardından tamamen soğuması için fırın tepsisinden rafa aktarın.

f) Dilimlemeden önce plastiğe sarılı olarak 4 saat veya gece boyunca bekletin. Üzerine pudra şekeri serpin veya üzerine pudra şekeri serpin.

13. Kabak turşusu

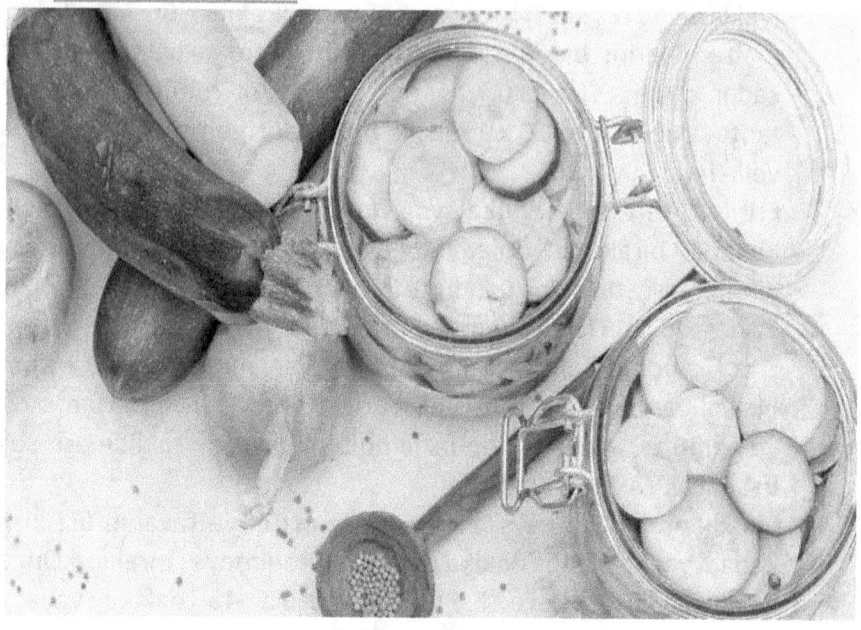

İÇİNDEKİLER:
- 3 kg kabak (sarı ve yeşil karışımı)
- 5 yemek kaşığı tuz
- 500 gr soğan
- 500 gr havuç, doğranmış
- 1 kg kırmızı biber, doğranmış
- 250ml çift kuvvetli (%10) sirke
- 200 gr toz şeker
- 1 çay kaşığı yenibahar meyveleri
- 1/2 çay kaşığı öğütülmüş biber
- 3 çay kaşığı beyaz hardal tohumu
- 1 yemek kaşığı karabiber
- 1 çay kaşığı kişniş tohumu
- 6 adet defne yaprağı
- sebze yağı

TALİMATLAR:

a) Kabakları iyice yıkayın ancak kabuklarını soymayın. Bir sebze soyucuyla parçalayın veya uzun, ince parçalar halinde dilimleyin. Karıştırma kabına alıp 3 yemek kaşığı tuzla tatlandırın. Tüm malzemeleri bir karıştırma kabında birleştirin ve 2 ila 3 saat bekletin.

b) Soğanı soyup dilimleyin, ardından kalan tuzla birlikte ayrı bir kaseye koyun ve iyice birleştirin. Hazırlık için 2 ila 3 saat bekleyin.

c) Kabak ve soğanda biriken sıvıyı boşaltın. Büyük bir karıştırma kabında kabak, soğan, rendelenmiş havuç ve dilimlenmiş biberi birleştirin.

ç) Sirkeyi bir tencerede kaynatın, ardından şekeri ve baharatları (defne yaprağı hariç) ekleyin. Sos henüz sıcakken sebzelerin üzerine dökün. 3 saat marine etme

d) Kavanozları sebzeleri ve sıvıyı içlerine aktararak sterilize edin. Kavanozları kapaklarla kapatın ve her birine 1 defne yaprağı ve 1 yemek kaşığı yağ ekleyin.

e) Temiz bir kurulama bezi serili büyük bir tencereye kavanozları yerleştirin ve kavanozların kenarlarının 3/4'üne kadar gelecek kadar sıcak su ekleyin.

f) Kaynatın, ardından temiz bir havluyla kaplı bir tavada, kavanozların 3/4'üne kadar sıcak su ile kaynar su banyosunda 20 ila 30 dakika işleyin.

14. Hızlı salatalık turşusu

İÇİNDEKİLER:
- 1/2 soğan, ince doğranmış
- 75 ml beyaz sirke
- 100 gr pudra şekeri
- 3/4 yemek kaşığı tuz
- 1 salatalık, yıkanmış ve ince dilimlenmiş

TALİMATLAR:
a) Doğranmış soğanı, sirkeyi, şekeri ve tuzu küçük bir leğende birleştirin.
b) Servis yapmadan önce en az 30 dakika buzdolabında bekletin, dilimlenmiş salatalıkla karıştırın.

15. Turşu mantarları

İÇİNDEKİLER:

- 1,5 kg küçük mantar
- 2 çay kaşığı tuz
- 250ml %10 beyaz sirke
- 750 ml su
- 1 soğan, halka şeklinde dilimlenmiş
- 1 1/2 çay kaşığı tuz
- 3 ila 4 çay kaşığı şeker
- 10 adet karabiber
- 3 yenibahar meyvesi
- 1 defne yaprağı

TALİMATLAR:

a) Kuru bir bez kullanarak mantarları kesip temizleyin. 2L kaynar su ve 2 yemek kaşığı tuz ile tencereye aktardıktan sonra kısık ateşte 30 dakika pişirin.

b) Sirke ve 750 ml suyu bir karıştırma kabında birleştirin. Soğanı, 1 1/2 çay kaşığı tuzu, şekeri, karabiberi, yenibaharı ve defne yaprağını büyük bir karıştırma kabında birleştirin. Kaynatın, ardından 5 dakika kısık ateşte pişirin.

c) Pişen mantarları süzdükten sonra sterilize edilmiş minik kavanozlara koyun. Kapakları sıkıca kapatın ve sıcak tuzlu suyla örtün. Servis yapmadan önce 3 ila 4 hafta boyunca soğutmadan önce soğumaya bırakın.

16. Geleneksel Donutlar

İÇİNDEKİLER:

- 2 paket aktif kuru maya (4 1/2 çay kaşığı)
- 1 1/2 su bardağı bitki bazlı süt, ılık, yaklaşık 110 F
- 1/2 su bardağı toz şeker
- 1/2 su bardağı hindistan cevizi yağı, oda sıcaklığında
- 1 yemek kaşığı brendi veya rom
- 1 çay kaşığı tuz
- 4 1/2 ila 5 bardak çok amaçlı un
- Derin kızartma için 1 galon bitkisel yağ
- Yuvarlamak için yaklaşık 1/2 su bardağı toz şeker
- Yuvarlamak için yaklaşık 1/2 bardak şekerleme şekeri
- Doldurmak için 1 bardak reçel veya meyve ezmesi, isteğe bağlı

TALİMATLAR:

a) Küçük bir kapta mayayı ılık bitki bazlı sütte eritin. Çözünmesi için karıştırdıktan sonra bir kenara koyun.

b) Şekeri ve hindistancevizi yağını büyük bir karıştırma kabında veya kürek aparatı takılı stand mikserinde köpük haline gelinceye kadar birleştirin.

c) Brendi veya romu ve tuzu iyice birleşene kadar çırpın.

d) Kürek aparatını kullanarak dönüşümlü olarak 4 1/2 su bardağı un ve bitki bazlı süt-maya karışımını ekleyin. Makineyle, pürüzsüz hale gelinceye kadar 5 dakika veya daha uzun süre çırpın veya elle daha uzun süre çırpın.

e) Yağlanmış bir kaseye hamuru yerleştirin. Tavayı ters çevirerek diğer tarafını da yağlayın.

f) Üst kısmı plastik ambalajla örtün ve 1 ila 2 1/2 saat veya hacmi iki katına çıkana kadar yükselmeye bırakın.

g) Hafifçe unlanmış bir yüzeyi unlayın ve hamuru açın. 1/2 inç kalınlığa kadar patlayın veya yuvarlayın. İsrafı önlemek için, turları birbirine yakın kesmek için 3 inçlik bir bisküvi kesici kullanın.

h) Kızartmadan önce, tabakayı nemli bir bezle örtün ve mermilerin kütlesi iki katına çıkana kadar yaklaşık 30 dakika bekletin.

i) Yağı büyük bir tavada veya Hollandalı fırında 350 derece F'ye ısıtın. Yükselen birkaç donut'u üst kısmı aşağıya (kuru tarafa) gelecek şekilde yağın içine yerleştirin ve 2 ila 3 dakika veya alt kısmı altın rengi kahverengi olana kadar pişirin.

h) Bunları ters çevirin ve 1-2 dakika daha veya altın rengi kahverengi olana kadar pişirin. İç kısım tamamlanmadan dış kısmın kahverengileşmemesi için yağın çok ısınmamasına dikkat edin. Tamamen pişip pişmediğini görmek için soğuk olanı kontrol edin. Pişirme süresi ve yağ ısısı buna göre ayarlanmalıdır.

ı) Hala sıcakken toz şekere bulayın. Bunları doldurmak istiyorsanız, çöreğin yan tarafında bir delik açın ve içine seçtiğiniz iç malzemeden büyük bir parça sıkma torbasıyla sıkın. Daha sonra doldurulmuş çörek üzerine toz şeker, şekerleme şekeri veya krema serpin.

17. Melek kanatları

İÇİNDEKİLER:

- 2 bardak un
- 1 yemek kaşığı şeker
- 1/4 çay kaşığı tuz
- 3-5 yemek kaşığı hindistan cevizi kreması
- 1 yemek kaşığı alkollü içki
- 1/2 çay kaşığı vanilya
- 1 çay kaşığı narenciye kabuğu rendesi (isteğe bağlı)
- Vegan domuz yağı, kızartma için
- üzerine serpmek için pudra şekeri

TALİMATLAR:

a) Un, şeker ve tuzu birleştirin.
b) Ayrı bir kapta kullanıyorsanız 3 yemek kaşığı kremayı, alkollü içecekleri, vanilyayı ve kabuğu rendesini birleştirin.
c) Islak malzemeleri kuru olana ekleyin ve hamur bir araya gelinceye kadar çırpın, gerekirse biraz daha krema ekleyin.
ç) Mümkün olduğu kadar ince bir şekilde açın
d) 1 x 4 inçlik şeritler halinde kesin ve her şeridin ortasında bir yarık açın.
e) Bükülmüş bir görünüm elde etmek için bir ucunu yarıktan çekin
f) Domuz yağını 350°F'a kadar önceden ısıtın.
g) Altın kahverengi olana kadar gruplar halinde kızartın, her iki tarafı da kızartın. Kağıt havluların üzerine boşaltın.
ğ) Üzerine pudra şekeri serpin.

18.Ukrayna Pizzası

İÇİNDEKİLER:
- 1 çay kaşığı hindistan cevizi yağı
- ½ soğan, doğranmış
- 1 (4 oz.) dilimlenmiş mantar konservesi, süzülmüş
- Tatmak için biber ve tuz)
- ½ Fransız bageti, uzunlamasına ikiye bölünmüş
- 1 su bardağı kadar vegan peyniri
- Ketçap (en üste)

TALİMATLAR:
a) Fırını önceden 400 Fahrenheit dereceye ısıtın.
b) Büyük yapışmaz bir tavada yağı ısıtın. Soğanları ve mantarları 5 dakika veya yumuşayana kadar soteleyin. Tatmak için tuz ve karabiber ekleyin.
c) Bir fırın tepsisine baget yarımlarını (veya ekmek dilimlerini) yerleştirin. Üzerine mantarlı karışımı ve vegan peynirini ekleyin.
ç) 10 dakika kadar veya vegan peyniri altın sarısı kahverengi olana ve eriyene kadar pişirin.
d) Yanında ketçapla servis yapın.

19.Vegan Pierogi Lokmaları

İÇİNDEKİLER:
- 14 vegan pastırma dilimi, ikiye bölünmüş
- 12 onsluk mini patates böreği, çözülmüş
- 1/4 bardak açık kahverengi şeker

TALİMATLAR:

a) Fırını önceden 400°F'ye ısıtın. Pişirme spreyi kullanarak kenarlı bir fırın tepsisini kaplayın.

b) Vegan pastırmasını her pieroginin ortasına sarın ve fırın tepsisine yerleştirin. Esmer şeker eşit şekilde dağıtılmalıdır.

c) 350°F sıcaklıkta 18 ila 20 dakika pişirin.

20.Mantarlı Baget

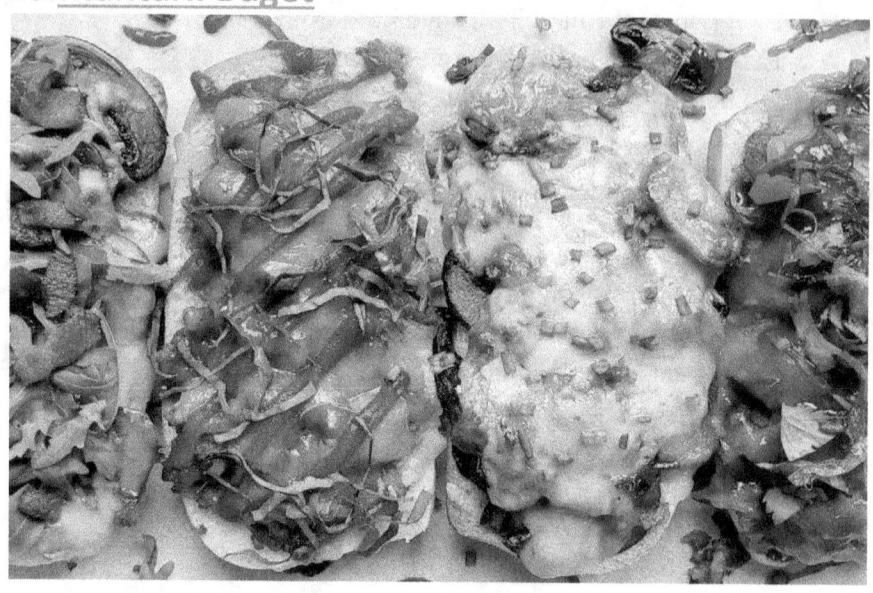

İÇİNDEKİLER:
- 1 baget
- 10 oz. (300g) düğme mantarı
- 1 küçük soğan
- 5 oz. (150g) vegan peyniri
- 1 yemek kaşığı kanola yağı (kızartma için)
- 2 yemek kaşığı domates ketçapı

TALİMATLAR:
a) Fırını önceden 400 Fahrenheit dereceye ısıtın.
b) Bageti uzunlamasına kesin. Biraz daha topla.
c) Mantarları yıkayın, kurulayın ve küçük parçalara bölün.
ç) Soğanı soyduktan sonra küçük parçalar halinde kesin.
d) Kızartma tavasını önceden ısıtın ve yağı ekleyin. Doğranmış soğanı ve mantarları 7-10 dakika soteleyin. Tatmak için biber ve tuz.
e) Vegan peynirini rendeleyerek hazırlayın.
f) Kızartılmış soğanı ve mantarları bagetlerin içine yerleştirin. Rendelenmiş vegan peynirle kaplayın.
g) Fırını önceden 350°F'ye ısıtın ve altın kahverengi olana kadar (yaklaşık 8-10 dakika) pişirin.

21.Vegan Peynirli Çörekler

İÇİNDEKİLER:
HAMUR
- 4 su bardağı çok amaçlı un
- 2 paket İnstant kuru maya (5 çay kaşığı)/veya 9-10 çay kaşığı yaş maya
- 1/3 su bardağı şeker
- 1/3 bardak hindistan cevizi yağı
- 1/2 çay kaşığı tuz

DOLGU
- 2 bardak vegan peyniri
- 1/3 bardak hindistan cevizi yağı
- 1/2 su bardağı pudra şekeri
- Kuru üzüm

TALİMATLAR:
HAMUR YAPIN
a) Unu, hazır kuru mayayı, şekeri ve tuzu bir karıştırma kabında birleştirin. Eritilmiş hindistan cevizi yağını dökün.

b) Taze maya kullanıyorsanız önce şeker ve az miktarda taze bitki bazlı sütle birleştirin. Bundan sonra kalan tüm malzemeleri birleştirin.

c) Hamuru yoğur. Büyük bir karıştırma kabını yarısına kadar unla doldurun. Hamuru kaseye koyun, üzerini bir mutfak havlusu veya bezle örtün ve sıcak tutun.

ç) Yaklaşık 1-1,5 saat kadar hamurun iki katına çıkmasını bekleyin.

DOLGU YAPIN
d) Tüm dolgu malzemelerini birlikte karıştırın.

e) İki tavayı pişirme kağıdıyla hizalayın.

f) Hamur hazır olduğunda 10-12 parçaya bölün.

g) Yuvarlak çörekleri şekillendirdikten sonra tavalara yerleştirin.

ğ) örtün ve sıcak bir yerde 40 dakika daha bekletin.

h) Fırını 392 Fahrenheit'e (200 santigrat derece) önceden ısıtın.

ı) 40 dakika sonra çöreklerin üzerine küçük bir bardakla çukurlar yapın.

i) Çukurların içine muhallebiyi yerleştirin.

j) Kullanıyorsanız her çöreğin üzerine kuru üzüm serpin.

k) önceden 350°F'ye ısıtın ve 15 dakika pişirin.

22. Mendil Panky

İÇİNDEKİLER:
- 1 ¼ lbs. yer seitanı
- 1 pound vegan peyniri
- 1 çay kaşığı öğütülmüş kekik
- 1 çay kaşığı sarımsak tozu
- ½ çay kaşığı ezilmiş kırmızı biber
- 1 tutam rezene tohumu
- 1 somun parti çavdar ekmeği bazen kokteyl çavdar ekmeği olarak da adlandırılır

TALİMATLAR:
a) Fırını önceden 400°F'ye ısıtın.
b) Orta-yüksek ateşte büyük bir tavaya öğütülmüş seitanı ekleyin. Sürekli karıştırarak, rengi dönene kadar pişirin.
c) Karışıma kekik, sarımsak tozu, ezilmiş kırmızı biber ve rezene tohumlarını ekleyin.
ç) Peyniri küp küp doğrayıp seitan karışımıyla karıştırın. Peynir eriyene ve karışım iyice birleşene kadar karıştırın.
d) Küçük bir dondurma kepçesi (yaklaşık 114 inç çapında) veya bir çorba kaşığı kullanarak her ekmek parçasına seitan ve peynir karışımından bir parça ekleyin.
e) 8-10 dakika veya ekmek kızarıncaya ve üzeri köpürene kadar bir kurabiye kağıdı üzerinde pişirin.
f) Oda sıcaklığında veya ılık olarak servis yapın.

23.Mantarlı Karabuğday Kasesi

İÇİNDEKİLER:
- 2 soğan
- 1 havuç
- 2 diş sarımsak
- 45 gr hindistan cevizi yağı
- 150 gr düğme mantarı
- 150g karabuğday
- 1 defne yaprağı
- 1 adet sebze suyu küpü
- Bir avuç dereotu, sadece yaprakları
- 50g roket
- 150 gr bitki bazlı yoğurt
- Deniz tuzu
- Taze kara biber
- 1 çay kaşığı zeytinyağı
- 400 ml kaynar su

TALİMATLAR:

a) Soğanları soyduktan sonra ince dilimler halinde kesin. Havuçlar soyulmalı ve ince doğranmış olmalıdır. Sarımsakların soyulması ve rendelenmesi veya ezilmesi gerekir.

b) Tavaya soğanları, hindistancevizi yağını ve bir miktar tuz ve karabiberi ekleyin. 5-8 dakika veya soğan yumuşak ve koyu altın rengine gelinceye kadar pişirin ve karıştırın; çok fazla veya çok hızlı kahverengileşiyorsa ısıyı azaltın.

c) Tavaya havuç, sarımsak ve mantarları ekleyin ve birleştirmek için karıştırın. Mantarlar nemli oluncaya kadar ara sıra karıştırarak 5 dakika pişirin.

ç) Karabuğday ve defne yaprağını ekleyin ve birleştirmek için karıştırın. Stok küpünde parçalayın. Tencereye 400 ml kaynar su dökün.

d) 12-15 dakika veya su buharlaşana ve karabuğday yumuşak ama hala sert olana kadar pişirin.

f) Karabuğday kaynarken dereotu dallarının yumuşak yapraklarını toplayın ve kabaca doğrayın. Rokayı küçük parçalar halinde doğrayın.

g) Karabuğdayın tadına bakın ve isterseniz biraz tuz veya karabiber ekleyin. Dereotu ve roketin çoğunu bir çatalla atın. Isıtılmış kaseleri yarıya kadar karabuğdayla doldurun.

g) Bir kaşık bitkisel yoğurt ve kalan roka ve dereotu ile süsleyin.

24.S az kavrulmuş pırasa

İÇİNDEKİLER:
- 4 pırasa
- ¼ bardak zeytinyağı
- 1 yemek kaşığı deniz tuzu

TALİMATLAR:
a) Pırasaları zeytinyağı ve tuzla geniş bir karıştırma kabında iyice kaplanıncaya kadar karıştırın. Pırasaları kesilmiş tarafı aşağı bakacak şekilde hazırlanmış bir fırın tepsisine yerleştirin.

b) Fırın tepsisini dikkatlice folyoya sarın; tamamen kapatılmasına gerek yoktur, ancak mümkün olduğu kadar sıkı olmalıdır. Fırın tepsisini fırına geri koyun ve sıcaklığı 300 dereceye düşürün.

c) 15 ila 30 dakika veya pırasalar yumuşayana kadar pişirin. Tavayı fırından çıkarın ve pırasayı ters çevirin. Fırına geri dönün, sıcaklığı 400°F'ye yükseltin ve 15-20 dakika veya gevrek ve altın rengi kahverengi olana kadar pişirin.

25. Dumanlı soğan ve haşhaş tohumu b okuma rulosu

İÇİNDEKİLER:

- soğan 1 büyük, soyulmuş ve kalın dilimlenmiş
- aktif kuru maya 1 çay kaşığı
- güçlü beyaz ekmek unu 300g
- sade un 175g, artı toz almak için daha fazlası
- deniz tuzu 1½ çay kaşığı
- sade un 50g
- aktif kuru maya ½ çay kaşığı
- zeytinyağı 1 yemek kaşığı
- füme deniz tuzu ¼ çay kaşığı
- tatlı füme kırmızı biber ¼ çay kaşığı
- haşhaş tohumu 1 çay kaşığı artı serpmek için fazladan bir tutam
- birkaç tutam susam

TALİMATLAR:

a) Bir karıştırma kabında un ve mayayı 50 ml ılık suyla birleştirin, üzerini streç filmle örtün ve bir gece bekletin.

b) Ertesi gün soğanı 150 ml su ile küçük bir tavaya koyarak hamura başlayın. Suyu köpürmeye başlayana kadar ısıtın, ardından ocaktan alın.

c) Fırından çıkarın ve oda sıcaklığına soğuması için bir kenara koyun. Suyu bir ölçüm kabına dökün ve 150 ml olduğundan emin olun; değilse daha fazlasını ekleyin. Soğanları daha sonra kullanmak üzere bir kenara koyun.

ç) Bu arada, mayayı ve 100 ml ılık suyu bir karıştırma kabında birleştirin ve 10-15 dakika veya köpürene kadar bekletin.

d) Unları, hamur kancası takılı bir stand mikserine dökün ve maya karışımı köpürünce başlangıç mayasını ve soğan suyunu ekleyin.

e) Hamuru birleştirmek için düşük hızda karıştırmaya başlayın, ardından orta hıza yükseltin ve hamuru 5 dakika yoğurun.

f) Tuzu ekledikten sonra bir dakika daha yoğurun.

g) Hafifçe unlanmış bir çalışma yüzeyinde ellerinizle 10-15 dakika yoğurun). Hamuru, ılık bir ortamda, yağlı streç filmle kaplayarak 2 saat kadar iki katına kadar kabarmaya bırakın.

ğ) Hamuru birkaç kez yumruklayıp geriye doğru itin ve ardından 8 eşit parçaya bölün.

h) Hamuru düz daireler halinde açın, dolgu için bir daldırma sağlamak için ortasına delikler açın ve unlanmış bir fırın tepsisine yerleştirin.
ı) Tüm şekiller tamamlandığında üzerini streç film veya nemli bir bezle gevşek bir şekilde örtün. Kabarık ve yuvarlak olana kadar 20 dakika daha yükselme süresine izin verin.
i) Hamur kabarırken iç dolgusunu yapın. Beyazlatılmış soğanı ince ince doğrayın ve yağla birlikte küçük bir tavaya koyun. Eriyip altın rengi olana kadar kızartın, ardından füme deniz tuzunu ve kırmızı biberi sürekli karıştırarak ekleyin. Birkaç dakika daha pişirin, ardından haşhaş tohumlarını ve bir tutam karabiberi ekleyin. Serin
j) Fırını önceden 220 santigrat dereceye/fanlı 200 santigrat dereceye/gaza ısıtın 7. Rulolar pişmeye hazır olduğunda, her birinin ortasına yaklaşık 1 çorba kaşığı soğan koyun ve üzerine haşhaş tohumu ve susam ekleyin.
k) Ruloların üzerine ters çevrilmiş derin bir kalıp yerleştirin ve üzerine fırına dayanıklı bir ağırlık (büyük bir pişirme kabı veya hatta bir blok) yerleştirin.
l) 15 dakika pişirin, ardından kalıbı çıkarın ve rulolar yumuşak bir şekilde altın rengi oluncaya kadar 5-8 dakika daha pişirmeye devam edin.

26.Hindistan Cevizli Çörek

İÇİNDEKİLER:
- 1 1/3 bardak hindistan cevizi bitki bazlı süt
- 1/3 su bardağı şeker
- 2 tepeleme çay kaşığı maya
- 1/2 çay kaşığı tuz
- 1 çay kaşığı vanilya
- Birkaç küçük hindistan cevizi ve kakule sallayın (isteğe bağlı)
- 2 3/4 bardak çok amaçlı un

TALİMATLAR:
a) Büyük bir karıştırma kabında un dışındaki tüm malzemeleri birleştirin.
b) Hamuru sadece bir araya getirecek kadar yoğurun.
c) Kaseyi plastik ambalajla örtün ve 2 saat veya iki katına çıkana kadar yükselmeye bırakın.
ç) Hamuru unlanmış tezgaha yavaşça boşaltın . 1/2 inç kalınlığa kadar yuvarladıktan sonra yuvarlaklar halinde kesin.
d) Donutları, unlanmış, parşömen kaplı bir kurabiye kağıdına yerleştirin. Plastik ambalajla örtün ve kabarması için bir saat kadar daha bekletin.
e) Fritözünüzde bir miktar bitkisel yağı ısıtın.
f) Her iki tarafını da 2-3 dakika kızartın, ardından doldurmadan önce soğuması için kağıt havluların üzerine boşaltın.
g) Sıkma torbası ve sıkma ucunu kullanarak reçel veya muhallebi ile doldurun ve pudra veya toz şekere bulayın. Eğlence!

27.Alabaş Şinitzel

İÇİNDEKİLER:
- 1 büyük alabaş
- kızartma yağı
- 1/4 bardak çok amaçlı un
- 1/2 su bardağı su
- 1/2 çay kaşığı toz biber
- 1/2 çay kaşığı tuz

EKMEK
- 1/3 su bardağı ekmek kırıntısı
- 1/2 çay kaşığı tuz
- 1/2 çay kaşığı toz biber
- 1 çay kaşığı ezilmiş kabak çekirdeği (isteğe bağlı)
- 1 çay kaşığı susam (isteğe bağlı)

TALİMATLAR:
a) Alabaşları yıkayın ve kalan yaprakları çıkarın. alabaşlar 4-6 dilime (yaklaşık 1/3 inç kalınlığında) kesilmelidir. Bir sebze soyucu kullanarak dış tabakayı çıkarın.

b) Büyük bir tencerede suyu kaynatın ve alabaş dilimlerini ekleyin. 10 dakikalık pişirme süresine izin verin. Merkezde yarı saydam olmaya başlamalılar. Daha sonra suyunu süzün, kağıt havluyla kurulayın ve soğumaya bırakın.

c) Ekmek malzemelerini ayrı bir kapta birleştirin.

ç) Alabaş dilimlerini, işlenecek kadar soğuduklarında ekmekle kaplayın.

d) Kızartma yağını geniş bir tavada (tabanı kaplayacak kadar) ısıtın ve panelenmiş Alabaş Schnitzel'i ekleyin. Orta-yüksek ateşte her tarafını yaklaşık 5 dakika pişirin. Her iki tarafı da altın renginde ve çıtır olmalı.

e) Kızarttıktan sonra fazla yağını alması için kağıt havlu üzerine koyun ve tadını çıkarın!

28.Mayalı Krep

İÇİNDEKİLER:
- 225 gr çok amaçlı un
- 240 ml ılık bitki bazlı süt
- 1⅙ çay kaşığı hızlı etkili maya yakl. 4 gr
- 1 yemek kaşığı şeker
- Bir tutam tuz
- 5 yemek kaşığı bitkisel yağ
- kompostosu için
- 1,5 su bardağı taze veya dondurulmuş meyveler
- 1 yemek kaşığı akçaağaç şurubu
- ¼ çay kaşığı vanilya fasulyesi ezmesi veya özü

TALİMATLAR:
a) Fırını mümkün olan en düşük ayarda önceden ısıtın.
b) Büyük bir karıştırma kabında, maya ve şekeri ılık bitki bazlı sütün içinde yaklaşık 30 saniye çırpın.
c) Unu dökün, bir tutam tuz ekleyin ve 2-3 dakika karıştırın. Kaseyi bir bezle örtün ve fırının ortasında 50-60 dakika, hacmi iki katına çıkana kadar bekletin.
ç) Geniş bir tavada 1-2 yemek kaşığı yağı ısıtın, ardından ısıyı azaltın ve bir kaşık dolusu hamuru tavaya dökün (çok kalabalık olmayacak şekilde). Hamur yapışkan olacak.
d) Krepleri her iki tarafta yaklaşık 212 dakika kısık ateşte kızartın. Hemen servis yapın.
e) Meyve kompostosu hazırlamak için meyveyi, akçaağaç şurubunu ve vanilyayı bir tencerede birleştirin ve orta ateşte 5 dakika veya meyve yumuşayıp suyunu salmaya başlayana kadar pişirin.

29.Erikli Meze

İÇİNDEKİLER:

- 10 (350 gr) patates pişmiş, soğutulmuş ve soyulmuş
- 1/2 su bardağı Yulaf unu
- 1/4 bardak Elma sosu
- 12-14 veya 7-8 Erik

TALİMATLAR:

a) Patatesleri haşlayıp soğumaya bırakın.
b) Büyük erik kullanıyorsanız ikiye bölün.
c) Bir patates ezici kullanarak patatesleri işleyin.
ç) Sert bir hamur oluşana kadar patates pirinci, yulaf unu ve elma sosunu birlikte yoğurun.
d) Hamuru düz bir zeminde açıp 12-14 eşit büyüklükte yuvarlak parçaya kesin.
e) Küçük daireler için hamuru açın.
f) Ortasına bir erik/erik yarısı yerleştirerek her daireyi kapatın.
g) Büyük bir tencerede suyu kaynatın.
ğ) Suyun yüzeyine çıktıklarında yaklaşık 5 dakika pişirin.

30.Erik Ezmeli Vegan Krep

İÇİNDEKİLER:
- 355ml kutu soda
- 1,5 su bardağı bitkisel süt
- 2 yemek kaşığı kanola yağı
- 2 su bardağı AP unu
- bir tutam tuz
- tavayı yağlamak için yağ
- Doldurmak için erik tereyağı (veya reçel)

TALİMATLAR:
a) Bir karıştırma kabında, tüm malzemeleri birlikte çırpın.
b) Kızartma tavasını yüksek ateşte 2-4 dakika veya çok sıcak olana kadar önceden ısıtın. Kızartma tavasını hafifçe yağla fırçaladıktan sonra ısıyı orta-yüksek seviyeye düşürün.
c) Tavaya ince bir tabaka hamur dökün ve tabana eşit şekilde dağıtın. Kenarları tavadan soyulmaya başladığında krepi çevirin ve bir iki dakika daha pişirin.
ç) Krepleri bir tabağa aktarın ve birkaç dakika soğumaya bırakın. Üzerlerini az miktarda erik tereyağı veya dilediğiniz reçelle kaplayıp yuvarlayın veya üçgen şeklinde katlayın.

ÇORBALAR VE SALATALAR

31. Ukrayna usulü pancar çorbası

İÇİNDEKİLER:
- 4 orta boy domates
- 4 yemek kaşığı Tereyağı
- 1 su bardağı Soğan; ince doğranmış
- 2 diş sarımsak, soyulmuş; ince doğranmış
- 1 pound Pancar, yaprakları kesilmiş, soyulmuş, iri rendelenmiş
- ½ Kereviz kökü soyulmuş; iri rendelenmiş
- 1 Maydanoz kökü soyulmuş; iri rendelenmiş
- 1 Yaban havucu, soyulmuş; iri rendelenmiş
- ½ çay kaşığı Şeker
- ¼ bardak Kırmızı şarap sirkesi
- 1 yemek kaşığı Tuz
- 2 litre sığır eti suyu, taze veya konserve
- 1 pound Haşlanmış patates, soyulmuş; 1 1/2 inçlik parçalar halinde kesilmiş
- 1 pound Lahana, çekirdeği çıkarılmış; iri parçalanmış
- 1 pound Haşlanmış göğüs eti veya 1 lb. haşlanmış jambon, 1 inçlik parçalar halinde kesilmiş
- 3 yemek kaşığı Maydanoz; ince doğranmış
- ½ pint Ekşi krema

TALİMATLAR:
a) Domatesleri 15 saniye kaynar suya bırakın. Soğuk suyun altına tutup kabuklarını soyun. Sapını kesin, ardından çapraz olarak ikiye bölün.

b) Meyve sularını ve çekirdeklerini çıkarmak için yarımları yavaşça sıkın, ardından kabaca doğrayın ve bir kenara koyun.

c) 10 ila 12 inçlik bir tava veya güveçte tereyağını orta ateşte eritin. Soğanları ve sarımsakları ekleyin ve sık sık karıştırarak 6 ila 8 dakika veya yumuşak ve hafif renkli olana kadar pişirin. Pancarı, kereviz kökünü, maydanoz kökünü, yaban havucunu, domateslerin yarısını, şekeri, sirkeyi, tuzu ve 1½ bardak et suyunu karıştırın. Yüksek ateşte kaynatın, ardından tencerenin kapağını kısmen kapatın ve ısıyı azaltın. 40 dakika pişirin.

ç) Bu arada kalan suyu 6-8 qt'lik bir tencereye dökün ve patatesleri ve lahanayı ekleyin. Kaynamaya bırakın, ardından kısmen kapalı olarak 20 dakika veya patatesler yumuşayana ancak parçalanmayacak hale gelinceye kadar pişirin.

d) Sebze karışımı belirlenen sürede pişince kalan domates ve etle birlikte güvece ekleyin. Pancar çorbası ısıtılıncaya kadar 10 ila 15 dakika boyunca kısmen kapalı olarak pişirin.

e) Baharat için tadın. Kaseye dökün, üzerine maydanoz serpin ve ekşi krema eşliğinde servis yapın.

32.Ukrayna salatalık ve limonlu pancar çorbası

İÇİNDEKİLER:
- 4 su bardağı soyulmuş, çekirdekleri çıkarılmış salatalık --
- Kabaca kıyılmış
- 2 küçük limonun suyu
- 1 çay kaşığı Bitkisel tuz yerine veya
- Deniz tuzu
- 1 yemek kaşığı Bal
- 1 su bardağı yağsız sade yoğurt
- 1 su bardağı kaynak suyu
- 1 su bardağı kıyılmış hindi jambonu
- 1 büyük Domates – doğranmış
- Bitkisel tuz ikamesi ve
- Beyaz biber - tatmak
- Taze dereotu dalları ve ekşi
- Krema – süslemek için

TALİMATLAR:
a) Salatalıkları, limon suyunu, tuz ikamesini, balı, yoğurdu ve suyu bir karıştırıcıya koyun ve pürüzsüz hale gelinceye kadar püre haline getirin. Kıyılmış jambonu ekleyin. Çorbayı büyük bir kaseye dökün, üzerini streç filmle örtün ve gece boyunca (8 ila 12 saat) buzdolabında saklayın.

b) Sabah domatesi püre haline getirin ve çorbaya ekleyin. Baharatları tadın ve gerekirse daha fazla tuz ve karabiber ekleyin.

c) Çorbayı, taze dereotu ve bir parça ekşi krema ile süslenmiş, soğutulmuş kaselerde servis edin.

33.Ekşi Turşu Çorbası

İÇİNDEKİLER:

- 6 su bardağı sebze suyu
- 1 ½ su bardağı rendelenmiş havuç
- ½ bardak doğranmış kereviz
- 1 su bardağı soyulmuş taze patates, doğranmış
- 1 bardak sarımsak veya dereotu turşusu, kıyılmış
- Gerektiği kadar un (yaklaşık ¼ su bardağı)

TALİMATLAR:

a) Büyük bir tencerede et suyunu hızlı bir şekilde kaynatın, ardından ısıyı en aza indirin ve kaynamaya bırakın. Havuç, kereviz ve patatesle birlikte 15 dakika pişirin.

b) Gerektiğinde turşu ekleyerek 30 dakika veya patatesler pişene kadar pişirin. Daha yoğun bir çorba istiyorsanız eşit miktarda un ve su kullanarak bir macun yapın.

c) Çorba hafifçe koyulaşana kadar sürekli karıştırarak sütü yavaşça dökün.

34.pancar çorbası

İÇİNDEKİLER:
- 2 demet yeşillikli pancar (yaklaşık 8-9 orta boy pancar)
- ½ su bardağı doğranmış soğan
- 1 kiloluk haşlanmış domates konservesi
- 3 yemek kaşığı taze limon suyu
- ⅓ bardak vegan granül tatlandırıcı

TALİMATLAR:
a) Pancarları fırçalayıp temizleyin ancak kabuklarını açık bırakın. Yeşillikleri güvende tutun. Büyük bir tencerede pancarları, soğanı ve 3 litre suyu birleştirin.
b) Bir saat kadar veya pancarlar iyice yumuşayana kadar pişirin. Pancarları sudan çıkarın ancak SUYU ATMAYIN. Soğanları atın.
c) Pancarları ince ince doğradıktan sonra tekrar suya koyun. Yeşiller suya eklenmeden önce yıkanmalı ve doğranmalıdır. Domatesleri, limon suyunu ve tatlandırıcıyı bir karıştırma kabında birleştirin. Orta ateşte 30 dakika veya yeşillikler yumuşayıncaya kadar pişirin.
ç) Servis yapmadan önce en az 2 saat soğutun.

35.Çilek / Yaban Mersini Çorbası

İÇİNDEKİLER:
- 1 pound taze çilek veya yaban mersini, iyice temizlenmiş
- 1 ¼ bardak su
- 3 yemek kaşığı vegan granül tatlandırıcı
- 1 Yemek kaşığı taze limon suyu
- ½ fincan soya veya pirinç kahve kreması
- İsteğe bağlı: 2 bardak pişmiş, soğutulmuş erişte

TALİMATLAR:
a) Orta boy bir tencerede meyveleri suyla birleştirin ve hızlı bir şekilde kaynatın.
b) Isıyı en aza indirin, üzerini örtün ve 20 dakika veya meyve çok yumuşak oluncaya kadar pişirin.
c) Pürüzsüz olana kadar bir blenderde karıştırın. Püreyi tekrar tencereye alın ve şekeri, limon suyunu ve kremayı ekleyip karıştırın. Karıştırdıktan sonra 5 dakika kadar kaynamaya bırakın.
ç) Servis yapmadan önce çorbayı en az 2 saat soğutun.
d) Bu çorba geleneksel olarak tek başına veya soğuk erişte ile servis edilir.

36.Lahana çorbası

İÇİNDEKİLER:

- 2 Yemek kaşığı margarin
- 2 su bardağı kıyılmış yeşil lahana
- ½ çay kaşığı karabiber
- 3 bardak su
- 2 su bardağı soyulmuş ve doğranmış patates
- ½ su bardağı doğranmış taze domates

TALİMATLAR:

a) Çorba tenceresinde margarini eritin.
b) Lahanayı ve biberi ekleyin ve yaklaşık 7 dakika veya lahana kızarana kadar pişirin.
c) Patatesleri, domatesleri ve suyu ekleyin; kapağını kapatıp 20 dakika veya patatesler pişene kadar kaynatın.

37.Tatlı ve Ekşi Kırmızı Lahana

İÇİNDEKİLER:
- 3 su bardağı rendelenmiş kırmızı lahana
- ½ fincan soyulmuş ve doğranmış ekşi elma (Granny Smith gibi)
- 2 su bardağı kaynar su
- 1 Yemek kaşığı elma suyu konsantresi
- ½ çay kaşığı öğütülmüş yenibahar
- 4 Yemek kaşığı sirke

TALİMATLAR:
a) Büyük bir tencerede tüm malzemeleri birleştirin.
b) Hızla kaynatın, ardından ısıyı en aza indirin ve lahana yumuşayana kadar yaklaşık 20 dakika pişirin.

38.B ahududu ile kırmızı lahana yetiştirdi

İÇİNDEKİLER:
- 6 su bardağı ince dilimlenmiş kırmızı lahana
- 8 oz. / 225 gr taze veya dondurulmuş ahududu
- 4 yemek kaşığı hindistan cevizi yağı
- 3 yemek kaşığı çok amaçlı un
- 6 ardıç meyvesi
- 1/4 çay kaşığı öğütülmüş yenibahar
- 6-8 tane karabiber bütün
- 2 adet defne yaprağı
- 2 yemek kaşığı sirke
- 1 1/2 bardak su + gerekirse 1/2 tane daha
- 1/2 bardak kuru kırmızı şarap
- Tatmak için tuz ve şeker

TALİMATLAR:
a) Lahanayı ince ince dilimleyin (eşit ve ince dilimlemek için mutfak robotunu kullanın).
b) Büyük bir tencerede hindistan cevizi yağını eritin. Hindistan cevizi yağı erirken ardıç meyvelerini, baharatları, karabiberleri ve defne yapraklarını ekleyin. Tamamen eriyince unu ekleyin ve pürüzsüz hale gelinceye kadar karıştırın.
c) Lahana, ahududu, sirke, kırmızı şarap, 1 1/2 su bardağı su ve 1 çay kaşığı tuzu ekleyin. İyice karıştırın, kapağını kapatın ve orta ateşte yaklaşık 10 dakika pişirin.
ç) Karıştırdıktan sonra tadın. Sos yeterince tatlı değilse 1 çay kaşığı şeker ekleyin ve tuzunu gerektiği gibi ayarlayın.
d) 10-20 dakika daha veya tatlar eriyene kadar pişirin.

39.Sebze çorbası

İÇİNDEKİLER:
- çorba sebzeleri (2 havuç, ½ kereviz kökü, 1 pırasa, taze maydanoz)
- 1 su bardağı (100 gr) karnabahar çiçeği
- ½ su bardağı (50 gr) pişmiş mısır
- tuz ve biber
- isteğe bağlı: bulyon küpü, soğan

TALİMATLAR:
a) Büyük bir tencerede 2 litre (2 litre) suyu kaynatın.
b) Havuçları, kereviz kökünü ve pırasayı 6 mm'lik (1/4 inç) dilimler halinde kesin. Isıyı en aza indirin ve dilimlenmiş sebzeleri , karnabahar çiçeklerini ve mısırı kaynayan suya ekleyin.
c) Tuz ve karabiberle tatlandırın ve orta ateşte yaklaşık 40 dakika pişirin.
ç) Kıyılmış maydanoz çiçekleri ile süsleyin.

40.Domates çorbası

İÇİNDEKİLER:

- 2 litre et suyu
- 2 yemek kaşığı Hindistan cevizi kreması
- 1 yemek kaşığı un
- 5 oz. (150 ml) domates salçası
- tuz ve biber
- Dereotu

TALİMATLAR:

a) Çorba sebzelerinden (2 havuç, 12 soğan, 12 kereviz kökü, 1 pırasa, çok sayıda maydanoz sapı) yapılan suyu süzün ve sıvıyı saklayın.

b) Hindistan cevizi kremasını unla karıştırın, ardından domates salçasıyla birlikte et suyuna ekleyin.

c) Yüksek ateşte kaynatın, tuz ve karabiber ekleyin ve dereotu ile süsleyin.

ç) Çorbayı daha doyurucu hale getirmek için pirinç veya erişte ekleyebilirsiniz.

41.Turşu çorbası

İÇİNDEKİLER:
- 3 patates
- 1 bulyon küpü
- 1 yemek kaşığı hindistan cevizi yağı
- 2 büyük turşu, ince doğranmış
- 1 su bardağı (250 ml) turşu suyu
- 2 yemek kaşığı Hindistan cevizi kreması
- 1 yemek kaşığı un
- tuz
- Dereotu

TALİMATLAR:
a) Patatesleri soyun ve yarım inçlik (1,3 cm) küpler halinde kesin, ardından küp bulyon ve hindistancevizi yağı ile 2 litre (2 litre) suda kaynatın.

b) Yaklaşık 20 dakika sonra patatesler yumuşamaya başlayınca ince dilimlenmiş turşuları ve turşu suyunu ekleyin.

c) Hindistan cevizi kremasını ve unu ayrı bir kapta birleştirin, ardından ocakta kaynayan et suyundan 3 yemek kaşığı yavaş yavaş ekleyin. Daha sonra karışımı çorbaya geri koyun ve tekrar kaynatın.

ç) Tadına göre tuz ve doğranmış dereotu ekleyin (ancak turşu suyunun çok güçlü olmadığından emin olmak için önce çorbanın tadına bakın).

d) Patates yerine pirinç kullanılabilir. Çorba bittiğinde 1. adımı atlayın ve 3 bardak pişmiş pirinç ekleyin.

42.Ekşi çavdar çorbası

İÇİNDEKİLER:

- 2 qt. et suyu
- 2 su bardağı ekşimiş çavdar unu
- 2 yemek kaşığı un
- Tuz
- 2 diş sarımsak
- isteğe bağlı: mantarlar

TALİMATLAR:

a) sebzelerini 2 litre suda kaynatın . İstenirse biraz doğranmış mantar da ekleyebilirsiniz.
b) Çorbayı süzgeçten geçirin, suyunu ayırın ve sebzeler yumuşayınca karışımı ve unu et suyuna ekleyin (yaklaşık 40 dakika).
c) Tuzla tatlandırabilirsiniz.
ç) İnce rendelenmiş veya doğranmış sarımsakları et suyuna ekleyin.

43. Soğutulmuş pancar çorbası

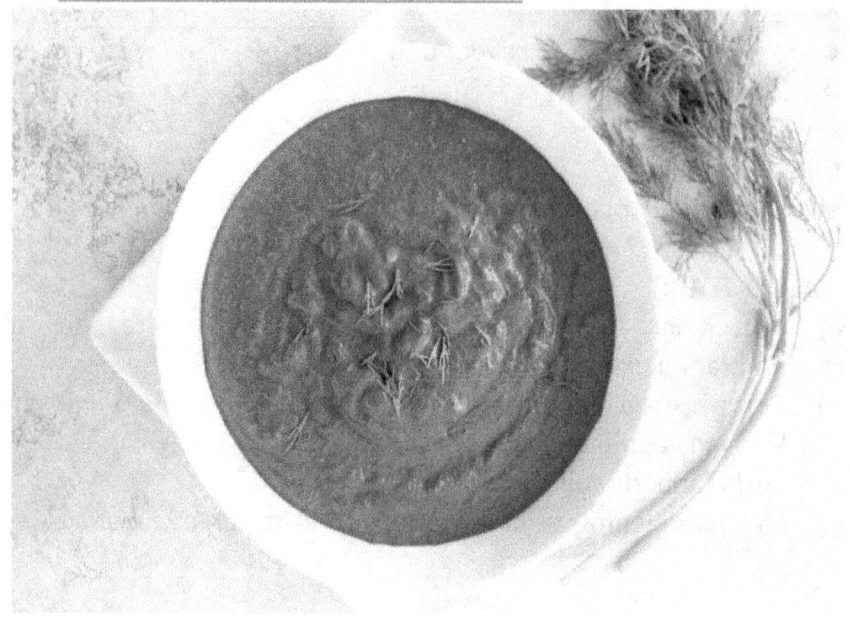

İÇİNDEKİLER:

- 1 demet pancar
- 1 salatalık
- 3-5 turp
- Dereotu
- Frenk soğanı
- 1 litre sade bitki bazlı yoğurt
- tuz ve biber
- şeker
- isteğe bağlı: limon suyu

TALİMATLAR:

a) Pancarları salkımdan çıkarın, sadece saplarını ve pancar yapraklarını ince ince doğrayın ve az miktarda suda yumuşayana kadar yaklaşık 40 dakika pişirin. Servis etmeden önce soğumasını bekle.

b) Salatalık, turp, dereotu ve frenk soğanı ince ince kıyılmalıdır. Bu malzemeleri ve pancar karışımını bitki bazlı yoğurtta birleştirin ve iyice karıştırın.

c) İsteğe göre tuz, karabiber, şeker ve limon suyuyla tatlandırın. Daha pürüzsüz bir doku istiyorsanız çorbayı karıştırın veya püre haline getirin.

ç) Üzerine doğranmış dereotu serperek soğuk servis yapın.

d) Bu çorba geleneksel olarak pancar bitkisinin sadece sapları ve yapraklarıyla yapılır. Ancak sadece pancarları kullanabilirsiniz. 1 pound pişmiş pancar, ince rendelenmiş ve kalan malzemelerle birleştirilmiş

44.Meyve çorbası

İÇİNDEKİLER:

- 1 yemek kaşığı patates unu
- 1 su bardağı (250 ml) et suyu, soğutulmuş
- 3 elma
- 8 oz. (250 gr) erik veya kiraz
- ⅓–½ su bardağı (75–115 gr) şeker

TALİMATLAR:

a) Bulamaç elde etmek için soğuk et suyunun yarısını unla birleştirin.
b) Elmaları, erikleri veya kirazları soyduktan sonra 112 litre (112 l) suda kaynatın. Meyveler yumuşayınca ince bir rende üzerine rendeleyin veya blenderde su ile püre haline getirin ve şekerle tatlandırın.
c) Un ve et suyu bulamacını bir karıştırma kabında birleştirin.
ç) Her şey uygun şekilde karışana kadar et suyu karışımını karıştırın.

45.Patates çorbası

İÇİNDEKİLER:

- 1½ litre sebze suyu
- 2 soğan
- 2 pırasa
- 5 diş sarımsak
- 3 yemek kaşığı zeytinyağı
- 4 patates
- otlar: defne yaprağı, kekik, frenk soğanı
- tuz ve biber

TALİMATLAR:

a) Soğanları ve pırasayı ince ince doğrayın, ardından çeyrek inçlik (6 mm) halkalar halinde dilimleyin ve dilimlenmiş sarımsak dişleriyle birlikte zeytinyağında soteleyin.

b) Patatesleri temizleyip, soyup temizledikten sonra küp küp doğrayın.

c) Soğanlar ve pırasalar orta kahverengi olunca patatesleri, otları, tuzu ve karabiberi ekleyin. Birkaç dakika karıştırın, ardından et suyunu dökün ve patatesler yumuşayana kadar yaklaşık 30 dakika kısık ateşte pişirin.

ç) Çorba soğuduktan sonra blenderdan geçirip pürüzsüz hale getirin. Tatmak için tuz ve karabiber ekleyin.

46.Limon çorbası

İÇİNDEKİLER:
- 2 litre et suyu veya stok
- ½–1 su bardağı (95–190 gr) beyaz pirinç
- 2 limon
- tuz ve biber
- isteğe bağlı: ½ bardak hindistan cevizi kreması

TALİMATLAR:
a) 2 litre (2 litre) su ve çorba sebzeleri veya et suyu (2 havuç, 12 soğan, 1 kereviz, 1 pırasa, birçok maydanoz sapı) ile et suyu hazırlayın.
b) Pirinci sadece et suyu veya et suyuyla, lapa haline gelinceye kadar yaklaşık 25 dakika pişirin.
c) 1 limonu soyun, ince ince dilimleyin ve biraz tuzla birlikte kaynayan pirincin içine atın.
ç) Kalan limon suyunu eklerken çorbayı karıştırmaya devam edin.
d) Kısık ateşte birkaç dakika pişirin, tuz ve karabiberle tatlandırın.

47.Kuşkonmaz çorbası

İÇİNDEKİLER:
- 1 lb. (450 g) beyaz kuşkonmaz
- çorba sebzeleri (2 havuç, 1 pırasa, ½ kereviz kökü, taze maydanoz)
- 2 yemek kaşığı hindistan cevizi yağı
- ¼ su bardağı (30 gr) un
- tuz ve şeker
- ½ su bardağı (125 ml) Hindistan cevizi kreması

TALİMATLAR:
a) Kuşkonmazın kabuklarını soyun ve kuşkonmazı temizleyin. Kuşkonmaz saplarını ve çorba malzemelerini 2 litre (2 l) su ile bir tencerede yumuşayana kadar pişirin. Et suyunun sıvısı saklanmalıdır.
b) Kuşkonmaz başlarını ayrı ayrı az miktarda suda pişirin.
c) Kuşkonmaz saplarını püre haline getirip ince ince rendeleyin.
ç) Püre haline getirilmiş kuşkonmazı çorba suyuyla birleştirin.
d) Bir tavada hindistancevizi yağını eritin ve düşük ateşte meyane elde etmek için unu ekleyerek karıştırın. Çorba pişerken pişen kuşkonmaz başlarını, tuzu ve karabiberi ekleyin.
e) Sonunda kruton ve bir parça hindistan cevizi kremasıyla servis yapın.

48.Pancar salatası

İÇİNDEKİLER:

- 4 pancar
- 2 yemek kaşığı yaban turpu
- 1 çay kaşığı şeker
- ⅓ bardak (80 ml) şarap sirkesi
- maydanoz
- tuz ve biber

TALİMATLAR:

a) Pancarları temizleyip suda yaklaşık 30 dakika veya yumuşayana kadar haşlayın. Soğuduklarında çıkarın ve soyun.
b) Pancarları orta rendeleme yuvalarını kullanarak rendeleyin.
c) Yaban turpu, şeker, sirke, maydanoz, tuz ve karabiberle bir sos hazırlayın ve ardından pancarları çatalla karıştırın.
ç) Soğutmak için yaklaşık 2 saat buzdolabına koyun.
d) Yaban turpu yerine soğan kullanılabilir.
e) 1 yemek kaşığı zeytinyağında 1 adet yemeklik doğranmış soğanı hafifçe soteleyin. Zeytinyağı ve baharatları birleştirin, ardından sosu ve soğanı pancarlara ekleyin ve karıştırın.

49.Kereviz ve portakal salatası

İÇİNDEKİLER:
- 1 büyük kereviz kökü
- 1 portakal veya 2 mandalina
- ⅓ su bardağı (25 gr) ince kıyılmış ceviz
- ½ su bardağı (125 ml) Hindistan cevizi kreması
- tuz
- isteğe bağlı: ⅓ bardak (25 gr) kuru üzüm

TALİMATLAR:
a) Orta boy ızgara yuvalarını kullanarak kereviz kökünü rendeleyin.
b) Portakalları veya mandalinaları soyun ve çeyrek inçlik (6 mm) parçalar halinde dilimleyin.
c) Kereviz, portakal ve cevizi bir çatalla karıştırıp hindistan cevizi kremasını ekleyin.
ç) Tatmak için bir tutam tuz atın. Dilerseniz kuru üzüm de ekleyebilirsiniz.

50.Sebze salatası

İÇİNDEKİLER:
- 5 adet haşlanmış havuç
- 2 adet haşlanmış maydanoz kökü
- 5 adet haşlanmış patates (isteğe bağlı)
- 1 küçük haşlanmış kereviz kökü (yaklaşık 15 gün)
- 5 salatalık turşusu
- 2 elma
- 1 küçük kutu mısır (isteğe bağlı)
- 1 kutu yeşil bezelye
- 1 yemek kaşığı hardal
- tuz, karabiber, maydanoz, dereotu

TALİMATLAR:
a) Sebzeleri soymadan durulayın ve pişirin (her biri ayrı ayrı); soğutun ve soyun.
b) Elmaların çekirdeklerini çıkarın ve soyun.
c) Sebzeleri, turşuları ve elmaları keskin bir bıçakla küçük kareler halinde kesin. Yeşil soğanlar doğranmalı, bezelyeler süzülmeli. Tuz ve karabiberle tatlandırın.
d) Salatanın üzerine maydanoz ve dereotu serpin. Hazırlık için bir saat bekleyin.
e) Garnitür

51.Hindistan cevizi kremalı salatalık

İÇİNDEKİLER:
- 1 büyük salatalık, tohumlu veya çekirdeksiz, ince dilimlenmiş
- 1 soğan ince dilimlenmiş ve halkalara ayrılmış
- 1/2 bardak hindistan cevizi kreması
- 1 çay kaşığı şeker
- 2 çay kaşığı beyaz sirke (isteğe bağlı)
- 1 yemek kaşığı doğranmış taze dereotu
- tuz ve biber

TALİMATLAR:
a) Hindistan cevizi kremasını, sirkeyi, şekeri ve karabiberi servis kasesinde birleştirin.
b) Salatalık ve soğanı ekleyin ve birleştirmek için karıştırın.

52.Alabaş Çorbası

İÇİNDEKİLER:
- 1 alabaş soyulmuş, küp şeklinde, yapraklarını da kullanın
- 1 orta boy soğan ince doğranmış
- 1 orta boy havuç soyulmuş, küp şeklinde
- 2 orta boy patates soyulmuş, küp şeklinde
- 2 yemek kaşığı maydanoz ve dereotu, ince doğranmış
- 1 l sebze suyu sıcak
- Her birine 1 yemek kaşığı sıvı yağ ve tereyağı
- Tatmak için deniz tuzu ve karabiber
- 1 yemek kaşığı mısır nişastası artı 2 yemek kaşığı sıcak su

TALİMATLAR:
a) Alabaş yapraklarını soyup irice kesin, saplarını atın. Alabaşları, havuçları ve patatesleri küpler halinde kesin.

b) Büyük bir tencerede 1 yemek kaşığı yağı ısıtın, ardından soğanı ekleyin ve 3 dakika veya yumuşayana kadar pişirin. Kalan sebzeler ve maydanozla birlikte sık sık karıştırarak birkaç dakika pişirin.

c) Sebze suyunu ve karabiberi ekleyin, karıştırın, üzerini örtün ve kaynatın, ardından ateşi kısın ve periyodik olarak karıştırarak yaklaşık 30 dakika veya sebzeler yumuşayana kadar pişirin.

ç) Kıyılmış dereotu ekleyin ve 3 dakika daha pişirin. Bu noktada çorbayı koyulaştırabilirsiniz (ancak buna gerek yoktur). Bunun için 2 yemek kaşığı sıcak suyu mısır nişastasıyla karıştırıp çorbaya ekleyip 3 dakika pişirin.

d) Ateşten alın, tatlandırın ve servis yapmadan önce bir çorba kaşığı tereyağını atın.

53.Ukrayna fasulyesi çorbası

İÇİNDEKİLER:

- 1 pound Beyaz fasulye, kurutulmuş
- 1½ pound lâhana turşusu
- ¾ pound Tuzlu domuz eti
- 4 Patates, küp şeklinde
- ½ fincan Sebze yağı
- 1½ yemek kaşığı Un
- her biri 1 Soğan, lg. iri doğranmış
- 1 çay kaşığı Tuz
- 1 çay kaşığı Karabiber
- 4 adet defne yaprağı
- 3 Sarımsak karanfilleri, kıyılmış
- 2 yemek kaşığı Karabiber
- ½ fincan Yoğurt, sade
- her biri 1 Havuç, lg. doğranmış

TALİMATLAR:

a) Fasulyeleri bir gece önceden ıslatın. Eti, patatesi, fasulyeyi ve lahana turşusunu ayrı ayrı pişirin.
b) Piştiğinde eti kemiklerinden ayırın ve ½" küpler halinde kesin. Patatesleri küp küp doğrayın. Fasulyeleri ezin.
c) ve soğanla meyane yapın. Et ve sebzeleri bir tencereye koyun, meyane ve defne yapraklarını ekleyin.
d) Stokla örtün ve 10 dakika daha pişirin.

* ANA DİL

54.Ukrayna'dan Gefullte balığı

İÇİNDEKİLER:
STOKLAMAK
- 4 Sap kereviz – 4 inç Dilimler halinde kesilmiş
- 2 Soğan – dörde bölünmüş
- 1 Yeşil biber – parçalar halinde kesilmiş
- 3 Havuç – yarıya bölünmüş
- 8 bardak Su
- Balıkların kemikleri ve kafaları
- 1 yemek kaşığı Taze çekilmiş biber
- 12 Dal maydanoz
- 2 çay kaşığı Şeker
- İsteğe göre 1 adet defne yaprağı

BALIK
- 4 pound Pike
- 1 pound Beyaz balık
- 1 kilo Sazan
- 1 yemek kaşığı Tuz
- 2 orta boy Soğan – ince rendelenmiş
- 6 adet büyük yumurta
- 1 yemek kaşığı Bitkisel yağ
- 1 çay kaşığı Şeker
- ½ bardak Matsa yemeği

TALİMATLAR:
a) Tüm stok malzemelerini kapaklı büyük bir su ısıtıcısına yerleştirin. kaynatın, ardından kapağını kapatın ve kaynamaya kadar ısıyı azaltın.

b) Tencerenin kaynamasını beklerken balıkları hazırlamaya başlayın. Ahşap bir kasede. Balık altında listelenen tüm malzemeleri öğütülmüş balığa ekleyin, dikkatlice doğrayıp karıştırın.

c) Ellerinizi ıslatın ve balık karışımını yağlı, oval şekilli köfteler haline getirin ve her birini dikkatlice kaynayan et suyuna kaydırın. 2 saat boyunca yavaş yavaş pişirin.

55.Ukraynalı dereotu tavuk

İÇİNDEKİLER:
- 1 Broyler-fritöz tavuk kesimi
- Servis parçaları halinde
- ½ su bardağı Un
- 1 çay kaşığı Tuz
- ½ çay kaşığı Biber
- 3 yemek kaşığı Tereyağı veya margarin
- 1 bardak Su
- 1 Küçük soğan, doğranmış
- 1 diş sarımsak, kıyılmış
- 2 yemek kaşığı Un
- 1 su bardağı ekşi krema veya tatlı krema
- 1 çay kaşığı kıyılmış dereotu

TALİMATLAR:
a) Un, tuz ve karabiberi plastik bir torbada karıştırın. Tavuk parçalarını birer birer ekleyip çalkalayın. Unlanmış tavuk parçalarını bir tavada tereyağında yavaş yavaş kızartın.
b) Suyu, soğanı ve sarımsağı ekleyip kısık ateşte 40 dakika pişirin. Unu kremayla karıştırın. Dereotu ekleyip tavuğa karıştırın.
c) İyice ısıtın ancak kaynatmayın. Haşlanmış yeni patates, pirinç veya erişte ile servis yapın.

56.Ukrayna et ve balık güveç

İÇİNDEKİLER:

- ½ pound Kıyma
- ½ pound Kıyma kuzu
- ½ pound Ringa balığı, taze, küp şeklinde
- Derisi yüzülmüş ve kemikli
- ½ su bardağı Sade Yoğurt
- 4 yemek kaşığı Tereyağı
- 4 Yumurta, ayrılmış
- 1 diş sarımsak kıyılmış
- Her birinden 1 adet Soğan lg. doğranmış
- 4 adet soyulmuş ve haşlanmış patates
- ½ çay kaşığı Tuz
- ½ çay kaşığı karabiber
- 2 yemek kaşığı keçi peyniri <Feta> ufalanmış
- 3 yemek kaşığı Ekmek kırıntısı
- 4 yemek kaşığı rendelenmiş havuç

TALİMATLAR:

a) Bir kaseye 1 litre süt koyun ve ringa balığını 8-12 saat bekletin.

b) Tüm kemikleri çıkardığınızdan emin olarak hafifçe vurarak kurulayın. Soğanları ve sarımsakları 2 T tereyağında altın rengi olana kadar kızartın. Kıyılmış etleri tavada kızartın ve mutfak robotuna koyun. Soğanı, sarımsaklı ringa balığı ve patatesleri ekleyin. Pürüzsüz bir karışım elde edene kadar doğrayın. Yoğurt ve yumurta sarısını ekleyip karıştırın. Baharatları ekleyin.

c) Fırını önceden 400 derece F'ye ısıtın ve büyük bir pişirme kabını yağlayın. Bu noktada rendelenmiş havuçları ekleyin.

ç) Yumurta aklarını oldukça sert fakat kuru olmayana kadar çırpın ve ardından karışıma ekleyin. Karışımı tereyağlı fırın tepsisine çevirin.

d) Ekmek kırıntılarını ve keçi beyaz peynirini serpin, üzerine kalan tereyağını serpin ve 45 dakika pişirin. Sıcak servis yapın.

57.Ukraynalı güveç

İÇİNDEKİLER:
- 1 su bardağı ekşi krema veya sade yoğurt
- Her birinden 1 adet Soğan lg. dilimlenmiş
- 1 adet dilimlenmiş havuç
- 3½ pound Kavurma
- 4 Tuzlu domuz eti dilimleri
- 2 yemek kaşığı kıyılmış soğan
- ¾ bardak Kırmızı şarap bordo
- Tatmak için biber ve tuz
- ½ bardak taze dilimlenmiş mantar
- 2 Patates, küp şeklinde 1/2"
- 1 çay kaşığı Sirke

TALİMATLAR:
a) Tuzlu domuz eti dilimlerini bir kızartma tavasının dibine yerleştirin. Daha sonra yeşil soğanları, havuç dilimlerini, patates küplerini ve soğanı karıştırın ve tuzlu domuz etinin üzerine kalın bir tabaka halinde yerleştirin.

b) Tavayı dilediğiniz gibi tuz ve karabiberle ovalayıp her tarafını kızartın. Tavadan çıkarın ve kızartma makinesine yerleştirin.

c) Şarap ve ekşi kremayı ekleyin. Ekşi kremanın oda sıcaklığında olduğundan emin olun, aksi takdirde eti sertleştirir.

ç) Kızartma kapağını kızartma makinesinin üzerine yerleştirin ve fırında 350 derece F'de 2½ saat pişirin. Kızartmayı çıkardıktan sonra meyve sularındaki yağları alın.

d) Unla koyulaştırın, sirke ekleyin ve kaynatın. Sosu süzün ve dilimlenmiş etin üzerine servis yapın.

58. Darı ile Ukrayna lahanası ruloları

İÇİNDEKİLER:
- 2 kilo Lahana
- 250 mililitre Darı
- 50 gram Tuzlu Domuz Eti
- 2 Havuç
- 1 Soğan
- 2 yemek kaşığı Un
- 4 yemek kaşığı Domates Salçası
- 8 yemek kaşığı Ekşi Krema
- 2 yemek kaşığı Tereyağı
- 2 su bardağı Su; veya gerektiği gibi et suyu
- Acı biber
- Tuz; tatmak

TALİMATLAR:
a) Sapı çıkarılmış bir lahana başının üzerine kaynar su dökün.
b) Yaprakları baştan ayırın ve damarları kesin. Soğanları ve havuçları ince ince doğrayın (julienne havuçlarda işe yarayacaktır) ve soğanlar kahverengileşene kadar soteleyin. Darıyı iyice yıkayın, üzerini suyla örtün ve kaynatın. Süzün ve doğranmış tuzlu domuz eti, havuç/soğan karışımı biberler, tuz ve çiğ yumurta ile birleştirin. Ellerinizle iyice karıştırın, ardından karışımın bir kısmını lahana yapraklarının üzerine koyun, sıkıca yuvarlayın ve uçlarını sıkıştırın.
c) Lahana rulolarını yuvarlamayı tamamladığınızda, onları Hollanda fırınına koyun ve ekşi krema sosunu ekleyin, iyice kaynatın, süzün, tuzlayın ve servis yapın.
ç) EKŞİ KREMA SOSU: Unu tereyağında kavurun. Domates salçasını, ekşi kremayı ve darı suyunun bir kısmını ekleyin.
d) ALTERNATİF: Lahana rulolarını büyük bir fırın tepsisine koyun, ekşi krema sosunu inceltmeden yapın, ruloların üzerini örtün ve 325°'de yaklaşık bir saat pişirin.

59.Ukrayna sığır stragano ff

İÇİNDEKİLER:
- 3 pound Fileto mignon ipuçları
- 1 su bardağı ince kıyılmış soğan
- 4 yemek kaşığı Tuzsuz Tereyağı
- 1½ pound Küçük mantarlar 1/2" veya daha küçük
- ⅔ bardak Ağır krema
- ¾ su bardağı ekşi krema veya sade yoğurt
- 2¼ çay kaşığı Dijon hardalı
- 2 yemek kaşığı taze dereotu, ince doğranmış
- 1½ yemek kaşığı Taze maydanoz
- ⅔ bardak Sığır eti suyu
- Tatmak için biber ve tuz
- 2¾ çay kaşığı Un

TALİMATLAR:
a) Sığır eti yaklaşık olarak ince şeritler halinde dilimlenir. 1½" - 2" uzunluğunda.
b) Büyük bir dökme demir tavayı yüksek ateşte ısıtın ve eti kızartmak için etleri birer birer ekleyin. Eti ocaktan alın ve bir kenara koyun.
c) Tavadaki ısıyı orta seviyeye düşürün ve tereyağını eritin.
ç) Soğanı ekleyin ve yumuşayıncaya kadar <yakl. 4-5 dakika>. Ateşi orta-yüksek seviyeye çıkarın, mantarları ekleyin, soteleyin; sık sık karıştırın, 15 - 20 dakika pişirin. Isıyı orta-düşük seviyeye düşürün, unu serpin, 1-3 dakika iyice karıştırın. Et suyunu, kremayı, ekşi kremayı ve hardalı karıştırın.
d) Kapağı kapatın, ısıyı en aza indirin ve 5-7 dakika pişirin. KAYNAMASINA MÜSAADE ETMEYİN! Eti tekrar tavaya alın, sosla karıştırın, dereotu ve maydanozu ekleyip karıştırın ve servis yapın.

60. Vejetaryen bigolar

İÇİNDEKİLER:
- 1 su bardağı kurutulmuş mantar
- 2 orta boy soğan, doğranmış
- 2 yemek kaşığı yağ
- 8-10 oz. / 250 gr taze düğme mantarı
- 1/2 çay kaşığı tuz
- 1/4 - 1/2 çay kaşığı toz biber
- 5-6 adet karabiber ve yenibahar meyveleri
- 2 adet defne yaprağı
- 1 havuç
- 15 kuru erik
- 1 çay kaşığı kimyon
- 1 yemek kaşığı füme kırmızı biber
- 3 yemek kaşığı domates salçası
- 1 bardak sek kırmızı şarap
- 1 baş orta boy lahana

TALİMATLAR:
a) Kurutulmuş mantarları en az bir saat suda bekletin.
b) Büyük bir tencerede yağı kızdırıp yemeklik doğranmış soğanı kavurun. Mantarları temizleyip dilimleyin ve kenarları kahverengileşmeye başlayınca soğanlara ekleyin. Tuz, pul biber, karabiber, yenibahar ve defne yaprağıyla sotelemeye devam edin.
c) Havuçlar soyulmalı ve rendelenmelidir. Tencereye atın.
d) Dörde bölünmüş kuru erik, kimyon, füme kırmızı biber, domates salçası ve şarabı karıştırın.
e) Lahana dörde bölünüp dilimlenmelidir. Her şeyi tencerede birlikte karıştırın.
f) Lahanayı hacmi biraz azalıncaya kadar örtün ve pişirin. 10 dakika daha veya lahana yumuşayana kadar pişirin.

61. Ukrayna Mantısı

İÇİNDEKİLER:

- 6 ila 7 orta boy patates, soyulmuş
- 1 seviye yemek kaşığı tuz
- Gerektiği kadar 120 gr patates nişastası

TALİMATLAR:

a) Patatesleri tuzlu suda yumuşayıncaya kadar haşlayın. Suyunu süzün ve patates eziciyle pürüzsüz hale gelinceye kadar ezin. Tencerenin dibine düz bir patates tabakası oluşturmak için elinizle bastırın.

b) Bir bıçak kullanarak patates katmanını dört eşit yarıya bölün. Bir bileşeni çıkarın ve kalan üçüne eşit olarak dağıtın. Tavanın sadece dörtte biri kullanılacaktır.

c) Boş çeyreği patates tabakasıyla aynı seviyeye kadar dolduracak kadar patates unu ekleyin. Un kaplaması düzeltilmelidir.

ç) Büyük bir tencerede suyu kaynatın.

d) Elinizi kullanarak ceviz büyüklüğünde küçük toplar yapın. Hafifçe düzleştirin ve başparmağınızı kullanarak ortasına bir delik açın.

e) Tavayı aşırı doldurmamaya dikkat ederek kaynar suya birkaç köfte ekleyin. Tavanın dibine yapışmasını önlemek için tahta kaşıkla karıştırın ve yüzeye çıkana kadar pişirin. Delikli bir kaşık kullanarak tavuğu çıkarın ve sos veya krema ile servis yapın.

62.Tatlı lorlu sandviçler

İÇİNDEKİLER:
- taze ekmek veya rulolar
- 200 gr porsiyon vegan lor peyniri
- reçel, kızılcık sosu, Akçaağaç şurubu veya çikolata likörü
- Tutam şekeri
- birkaç çay kaşığı bitki bazlı süt

TALİMATLAR:
a) Taze ekmek veya çöreklerin üzerine dilim veya parça lor peyniri yerleştirilmelidir.
b) Her sandviçin üzerine şekeri serpin .
c) Bir çay kaşığı kullanarak şeker ve birkaç damla bitki bazlı süt serpin.
ç) Sandviçleri mikrodalgada ısıtın veya fırında pişirin. Peynir ve ekmek sıcak fakat sıcak olmayana kadar birkaç saniye basılı tutun. Sandviçleri denklemden çıkarın.
d) Her sandviçin üzerine bir miktar reçel koyun.

63.Elmalı pirinç buz

İÇİNDEKİLER:

- 2 bardak pirinç
- 4 bardak bitkisel bazlı süt
- 1/2 çay kaşığı tuz
- 4 ekşi elma
- 1/4 çay kaşığı öğütülmüş hindistan cevizi
- 2 yemek kaşığı şeker
- 1/12 çay kaşığı tarçın
- 1 çay kaşığı vanilya
- 2 çay kaşığı + 2 çay kaşığı hindistan cevizi yağı

TALİMATLAR:

a) Orta boy bir tencerede bitki bazlı sütü tuzla ısıtın. Yıkanmış pirinci ekleyin ve pişene kadar kısık ateşte pişirin.

b) Pirinci karıştırmaya devam edin. Sadece dibe yapışırsa kazıyın. Pirinç pişene kadar yavaşça karıştırmaya devam edin.

c) Fırını önceden 350 Fahrenheit'e (180 santigrat derece) ısıtın.

ç) Elmaları soyup çekirdeklerini çıkardıktan sonra sebze parçalayıcıda parçalayın. Küçük hindistan cevizi ile kuru bir tavada sıvı buharlaşana kadar pişirin.

d) Pişen pirince şeker, tarçın ve vanilyayı ekleyin. Her şeyi iyice karıştırın.

e) 8 × 8 inç (20 x 20 cm) tavayı hindistan cevizi yağıyla yağlayın. Pirincin yarısı tavanın dibine konulmalı, ardından elmaların tamamı ve kalan pirinç de tavaya konulmalıdır. Üzerine ince dilimler halinde hindistan cevizi yağı konur.

f) 20 dakika pişirin. Sıcak veya soğutulmuş olarak servis yapın.

64. Erişte ve Köfte

İÇİNDEKİLER:
- 2 paket kuru maya
- 4 çay kaşığı şeker
- 1 bardak artı 2 yemek kaşığı ılık bitki bazlı süt
- 1 kiloluk çok amaçlı un
- 1 çay kaşığı tuz
- 3 yemek kaşığı hindistan cevizi yağı, eritilmiş

TALİMATLAR:
a) Küçük bir kapta maya ve şekeri bitki bazlı sütte eritip 1/2 bardak unla karıştırarak bir sünger yapın.
b) Kalan un, tuz ve maya karışımını geniş bir karıştırma kabında birleştirin. Elle veya makineyle yaklaşık 5 dakika veya kabarıp kasenin kenarından soyuluncaya kadar karıştırın. Soğutulmuş eritilmiş hindistancevizi yağını iyice karıştırın.
c) Boyutu iki katına çıkana kadar mayalanmaya bırakın. Hamuru unlu bir yüzeye çıkarın ve eğer hamur çok yapışkansa ilave un ekleyerek yoğurun. 1 inç kalınlığa kadar indikten sonra 3 inçlik bir kesici veya camla kesin. Hurdalar yeniden yuvarlanabilir ve ikinci kez kesilebilir. Boyutunun iki katına kadar yükselmesine izin verin.
ç) Bu arada iki büyük tencerenin 3/4'ünü suyla doldurun. Kasap ipiyle un çuvalı veya başka tüy bırakmayan malzemeden bir daireyi tencerelerin üstüne bağlayın ve suyu kaynatın. Kabın içine sığacak kadar köfte koyun.
d) Köfteleri tencerenin kapağı kapalı olarak 15 dakika kadar buharda pişirin. Buharda pişirme işlemi sırasında kapak kaldırılırsa köfteler çökecektir.
e) Alternatif olarak, tencerenin üzerine bir sıçrama perdesi yerleştirin, dokunmadan sığabileceği kadar köfte ekleyin, ardından ters çevrilmiş ısıya dayanıklı plastik bir kaseyle kapatın.
f) Köfteleri tel ızgara üzerinde soğumaya bırakın. Köfteleri buzdolabındaki fermuarlı bir torbada dondurun veya saklayın.

65.Erişte ve Vegan Peynirler e

İÇİNDEKİLER:
- 2 bardak vegan makarna
- 7 oz. / 200g vegan süzme peynir
- 4 yemek kaşığı Hindistan cevizi kreması
- 2 yemek kaşığı Hindistan cevizi yağı
- 2-4 yemek kaşığı Akçaağaç şurubu
- Bir tutam tarçın (isteğe bağlı)

TALİMATLAR:
a) Erişteleri pişirmek için paket talimatlarını izleyin.
b) Süzdükten sonra erişteleri hindistan cevizi yağıyla karıştırın.
c) Spagetti tabaklarını birleştirin.
ç) Peynir parçalarını erişteleye ekleyin.
d) Üzerine bir kat hindistan cevizi kreması sürün.
e) Üzerine akçaağaç şurubunu gezdirin. Ayrıca bir tutam tarçın da atabilirsiniz.

66.Macaroni çilekli

İÇİNDEKİLER:
- Seçtiğiniz makarna
- 3 su bardağı çilek, taze veya dondurulmuş
- 1 bardak sade bitki bazlı yoğurt , hindistancevizi kreması veya Yunan bitki bazlı yoğurdu
- tadımlık şeker

TALİMATLAR:
a) Paket talimatlarını takip edin seçtiğiniz makarnayı yapmak için.
b) Çileklerin saplarını yıkayıp çıkarın. Yemeğin üzerine koymak için biraz çilek doğrayın.
c) Geriye kalan çilekleri, kremayı veya bitkisel bazlı yoğurdu, şekeri ve vanilya özünü bir karıştırıcıda birleştirin.
ç) Daha kıvamlı bir sos istiyorsanız, çilekleri çatalla ezin veya gruplar halinde karıştırarak son çilekleri blender ile kısa bir süre karıştırın.
d) Pişen makarnayı çilek sosuyla karıştırın. Sıcak veya soğuk lezzetlidir.

67. Mantarlı Erişte

İÇİNDEKİLER:
- 1 orta boy lahana
- 2 bardak mantar
- 1 soğan
- 1 havuç
- Sarımsak, 1-2 diş
- 2 çizgi balzamik sirke veya başka bir sirke
- Damak tadınıza göre mercanköşk, dereotu, kimyon, tuz, karabiber gibi baharatlar
- 1 çubuk hindistan cevizi yağı
- Vegan Erişte

TALİMATLAR:
a) Büyük bir tavada hindistancevizi yağını eritip soğanları ve mantarları soteleyin.

b) Havuç ve sarımsakları atın. Sarımsak kızarıp soğanlar şeffaflaşınca lahanayı ekleyin.

c) Biraz su ekleyip lahanalar yumuşayıncaya kadar pişirmeye devam edin. Lahananın pişme süresi, yaşına ve nasıl doğrandığına bağlıdır.

d) Hindistan cevizi yağının geri kalanını, bir veya iki damla sirkeyi, baharatı ekleyin ve su azaldıkça tadına bakın. Tatmak için tuz ve karabiber ekleyin.

e) Yanında noodle ile servis yapın.

68.Turplu Vegan Peynir

İÇİNDEKİLER:

- 3 su bardağı vegan peyniri
- ½ su bardağı hindistan cevizi kreması (tam yağlı)
- 1 demet turp
- 1 demet frenk soğanı
- tuz, karabiber, damak tadınıza göre baharat

TALİMATLAR:

a) Turplarınızı ve frenk soğanlarınızı hazırlayın. Turplar yıkanmalı ve seçtiğiniz herhangi bir şekil veya büyüklükte doğranmalıdır.

b) Vegan peynirinizin üstünü biraz turpla süsleyin. Frenk soğanı ile aynı şekilde devam edin. Denklemden çıkarın.

c) İstediğiniz kıvamı elde edene kadar hindistan cevizi kremasını ekleyin.

ç) Fırını önceden 350°F'ye ısıtın ve peyniri tuz ve karabiberle tatlandırın. İsterseniz bu şekilde bırakabilir veya ilave baharatlar ekleyebilirsiniz.

d) Son olarak doğranmış turpları ve frenk soğanlarını geniş bir karıştırma kabında birleştirin. Son servis kasesini turp ve frenk soğanı ile süsleyin.

69.Haşhaşlı Pasta

İÇİNDEKİLER:
- 300 gr un
- bir tutam tuz
- 1 su bardağı haşhaş tohumu
- 3 kaşık akçaağaç şurubu
- 2 kaşık kuru üzüm
- 2 yemek kaşığı badem yaprağı
- 1 kaşık kıyılmış ceviz
- 1 yemek kaşığı portakal kabuğu

TALİMATLAR:
Haşhaş Kütlesi İçin
a) Haşhaşları akan su altında durulayın. Bundan sonra üzerini kaynar suyla örtün. Dikkatlice boşaltın.
b) Haşhaşı ince bir toz haline gelinceye kadar öğütün.
c) Bir tencereye üç kaşık akçaağaç şurubu dökün ve ısıtmaya başlayın. Sıvı akçaağaç şurubu yerine katı akçaağaç şurubu kullanabilirsiniz. Daha yüksek sıcaklık nedeniyle erimesi gerekir.
ç) Haşhaşın tamamını kuru üzüm, fındık, portakal kabuğu ve badem yapraklarıyla birlikte atın.
d) Haşhaş kütlesi ılık ve homojen hale gelinceye kadar düzenli olarak karıştırarak yaklaşık 5 dakika pişirin.
e) Haşhaşları ocaktan alın ve ateşi kapatın.

MAKARNA
f) 300 gr undan bir höyük yapın. Bir tutam tuzla tatlandırın.
g) Bir hamur yapın. Yaklaşık 15 dakika veya pürüzsüz ve tekdüze bir renk elde edene kadar yoğurun.
ğ) Hamurdan bir top yapın ve kaseye yerleştirin. Temiz bir bezle örtün ve 20-30 dakika daha fırına dönün.
h) Bir masayı veya pasta tahtasını unla tozlayın. 20-30 dakika sonra hamuru yaklaşık 2 mm kalınlığında bir yığın halinde yuvarlayın.
ı) Kümeyi kenar uzunluğu 2-3 cm olan küçük kareler halinde kesin.
i) Kareleri tuzlu suda kaynatın. Mağazadan satın alınan makarnayı pişiriyormuş gibi devam edin.

70.Ukrayna Balığı

İÇİNDEKİLER:
VEGAN FİLETOLAR İÇİN
- 300 gr sert tofu
- 1 limon ½ kabuğu rendelenmiş ve suyu sıkılmış
- 1 yemek kaşığı kapari salamura
- 1 yemek kaşığı beyaz şarap sirkesi
- 1 sayfa suşi nori
- 70 gr sade un

ÜSTÜ İÇİN
- 1 kahverengi soğan ince dilimlenmiş
- 1 pırasa dilimlenmiş
- 1 küçük rendelenmiş yaban havucu
- 3 havuç rendelenmiş
- 3 yenibahar meyvesi
- 2 adet kurutulmuş defne yaprağı
- 1 çay kaşığı tatlı kırmızı biber
- 1 yemek kaşığı domates püresi
- İsteğe göre 1 çay kaşığı tam tahıllı hardal

TALİMATLAR:
VEGAN FİLETOLAR İÇİN
a) Tofu bloğunu 6 eşit büyüklükte parçaya kesin.

b) Geniş bir kapta veya derin bir tepside limon suyu ve kabuğu rendesini, kapari salamurasını ve beyaz şarap sirkesini birleştirin ve tofu dilimlerinin üzerine dökün. En az bir saat marine etme süresine izin verin.

c) Marine etmeyi tamamladıktan sonra her parçanın etrafına bir şerit nori sarın. Nori sarılı tofuyu ıslatmak için, kalan turşuya batırın, ardından sade una bulayın.

ç) Güzel yapışmaz bir tavada zeytinyağını orta-yüksek ateşte ısıtın. Tava ısınınca tofu parçalarını birbirine değmemesine dikkat ederek ekleyin. İlk tarafı 3 dakika veya altın rengi ve çıtır olana kadar pişirin. Tofuyu çevirdikten sonra diğer tarafını da 3 dakika pişirin.

ÜSTÜ İÇİN

d) Büyük bir tencerede orta ateşte biraz yağı veya sebze suyunu ısıtın, ardından soğanı ekleyin. Yaklaşık 3 dakika veya yumuşamaya başlayana kadar pişirin.

e) Pırasa, havuç ve yaban havucunu bir karıştırma kabında birleştirin. Isıyı en aza indirin ve ara sıra karıştırarak yaklaşık 4 dakika veya sebzeler yumuşayana kadar pişirin.

f) Kullanıyorsanız yenibahar meyvelerini, defne yapraklarını, tatlı kırmızı biberi, domates püresini ve tam tahıllı hardalı karıştırın. İyice karıştırın ve ara sıra karıştırarak 15 dakika daha kısık ateşte pişirin.

g) 15 dakika sonra yenibahar meyvelerini ve defne yapraklarını çıkarın.

ğ) Vegan filetoları bir tabağa yerleştirin ve üzerine cömert bir porsiyon havuç karışımı ekleyin. Eğlence!

71. Lahana ruloları

İÇİNDEKİLER:
- 1 baş beyaz lahana
- 120 gr karabuğday kabuğu çıkarılmış tane
- 3 yemek kaşığı hindistan cevizi yağı
- 2 yemek kaşığı zeytinyağı
- 1 soğan, doğranmış
- 1 diş sarımsak, kıyılmış
- 300 gr mantar, doğranmış
- 1 yemek kaşığı kurutulmuş mercanköşk
- 2 adet sebze suyu küpü
- tatmak için soya sosu
- tatmak için biber ve tuz

TALİMATLAR:
a) Büyük bir su ısıtıcısında kaynatın. Lahanayı tencereye koymadan önce çekirdeğini çıkarın. Dış yapraklar yumuşadıkça çıkarın. Lahana kaburgalarının kalın kısmı kesilmelidir. Denklemden çıkarın.

b) Bu arada karabuğday kabuğu çıkarılmış tanelerini paket talimatlarına göre hazırlayın. 1 yemek kaşığı Hindistan cevizi yağını süzün ve bir kenarda bekletin.

c) Yağı bir tavada ısıtın ve soğanı ve sarımsağı soteleyin.

ç) Aynı tavada 1 yemek kaşığı hindistan cevizi yağını eritip mantarları soteleyin. Kavrulmuş buğdayı ve soğanı içine atın. Damak tadınıza göre mercanköşk, soya sosu, tuz ve karabiber. İyice karıştırın.

d) Bir güveç kabının dibine minik veya kırık lahana yapraklarını yerleştirin. Her yaprağın ortasına yaklaşık 2 çay kaşığı dolgu ekleyin.

e) Lahananın sap ucunu dolmanın üzerine sokun, ardından lahananın yanlarını da üzerine katlayın. Lahanayı yuvarlayarak ve uçlarını üst üste bindirerek bir paket yapın. Her birini hazırlanan güveç kabına, dikiş tarafı aşağı bakacak şekilde yerleştirin.

f) 500 ml'lik bir ölçüm kabında stok küplerini çözün ve lahana rulolarının üzerine dökün. Hindistan cevizi yağının sonuncusunu ekleyin. Kalan lahana yapraklarını üzerini kapatın.

g) 30 ila 40 dakika kadar kısık ateşte pişirin.

72.Patatesli ve Vegan Peynirli Pierogi

İÇİNDEKİLER:
PIEROGI HAMUR - 1 GRUP
- 3 su bardağı un, çalışma yüzeyinizin tozunu almak için ekstra un
- 1 su bardağı sıcak su
- 1 yemek kaşığı hindistan cevizi yağı veya yağı

PATATES VE PEYNİR DOLGU
- 2 lbs. patates (yaklaşık 4 bardak püresi)
- 2 su bardağı vegan peyniri
- 2 soğan
- tatmak için biber ve tuz
- Hindistan cevizi kreması , üstüne

TALİMATLAR:
PATATES VE PEYNİR DOLGU
a) Patatesleri soyup haşlayın. Patates ezici veya patates ezici kullanarak patatesleri hafifçe ezin. Mikser kullanmanıza gerek yoktur. Patateslerin tamamen pürüzsüz olması gerekli değildir. Patateslerin soğumasına izin verin.

b) Soğanları yemeklik doğrayıp hindistan cevizi yağı veya zeytinyağında kavurun. Kızartılmış soğanların yarısı patateslerin içine, diğer yarısı da pierogilerin üzerine konulmalıdır.

c) Vegan peyniriyle bitirin.

ç) Dolguyu tatmak için tuzlayın ve karabiber ekleyin; bence asla çok fazla tuz ve biber yiyemezsin. Doldurmanızı tadın ve gerekirse daha fazlasını ekleyin. Hamuru hazırlarken iç malzemeyi soğutabilirsiniz. Bazen dolguyu bir gün önceden hazırlarım çünkü soğuk dolguyla uğraşmak daha kolaydır.

PİEROGİ HAMURU
d) Un havalandırılmalıdır. Unu eleyin, bir leğende çırpın veya mutfak robotunda 20 saniye boyunca çekin.

e) Bir fincan çay için yaptığınız gibi suyu kaynatın. Bir bardak kaynar suya bir yemek kaşığı hindistancevizi yağı veya yağı ekleyin.

f) Sıcak suyu yavaş yavaş unun içine dökün ve karıştırın, önce tahta kaşıkla, sonra su çok sıcaksa elinizle karıştırın . Mutfak robotunda karıştırırken azar azar kaynar su ekleyin.

g) Yumuşak, esnek bir hamur elde edene kadar sıcak su eklemeye devam edin. Hamur çok yapışkansa biraz daha un ekleyin. Hamur çok kuruysa biraz daha su ekleyin. Mutfak robotunun kenarlarından çekilip bir top oluşturacak.

ğ) Hamurunuzu unlanmış zeminde unlanmış merdane yardımıyla açın. Pierogi hamurunu çalışmak istediğiniz kalınlığa kadar açın. Profesyonel pierogi yapımcıları hamurlarını çok ince açıyorlar ama ailem hamurlu olduğu için biraz daha kalın açabiliyorum.

h) Hamurunuzu daireler halinde açın, bir kaşıkla veya önceden yuvarlanmış toplarla patates ve peynir dolgusunu doldurun, katlayın ve sıkıştırın. Çok uzun süre beklemezseniz hamur hala yumuşak olacaktır ve pierogi'yi kapatmak için yalnızca birkaç tutam suya ihtiyacınız olacaktır.

ı) Çalışma yüzeyini unlayın ve kaynamaya hazır olana kadar kurulama beziyle örtün.

i) Küçük bir tencerede, küçük bir porsiyon pierogiyi yavaşça kaynatın veya pişirin. Suyu tuzla tatlandırmayı unutmayın. Pierogilerinize göz kulak olun ve yüzmeye başladıklarında onları 3 ila 5 dakika pişirin. Delikli bir kaşıkla bunları sudan çıkarın ve soğuması için bir tabağa veya tepsiye koyun.

j) Yemeğinizi yağ veya hindistancevizi yağıyla hazırlayın ve pierogi'nizin üzerine biraz hindistan cevizi yağı sürmeyi unutmayın. Sıcak olduklarında birbirine yapışacakları için üst üste gelmemesine dikkat edin.

k) Servis yapmadan önce pierogi'nizin üzerine kızarmış soğan ve bir parça Hindistan cevizi kreması ekleyin.

73. Fırında bira tofu

İÇİNDEKİLER:

- 250 gr doğal tofu
- 2 yemek kaşığı domates salçası
- 100 ml bira
- 1 büyük kaşık soya sosu
- yarım yemek kaşığı akçaağaç şurubu
- yarım çay kaşığı füme veya tatlı kırmızı biber
- çeyrek çay kaşığı kimyon tozu
- çeyrek çay kaşığı pul biber veya kırmızı biber
- bir tutam tarçın
- tatmak için tuz

TALİMATLAR:

a) Tofuyu durulayın ve mümkün olduğunca mutfak kağıdıyla kurulayın. 1,5 cm kalınlığında dilimler halinde kesin ve daha fazla mutfak kağıdına sarın.

b) Mümkün olduğu kadar fazla sıvının çıkması için üzerine bir ağırlık koyun ve bu arada sosu hazırlayın.

c) Bira, agav şurubu, akçaağaç şurubu veya tatlı pirinç şurubunu bir karıştırma kabında birleştirin.

d) Bir karıştırma kabında domates salçasını, soya sosunu, kimyon tozunu ve füme veya tatlı kırmızı biberi birleştirin. Bir tutam tarçın ve bir tutam kırmızı toz biber veya kırmızı biber de ekleyin.

e) Tofuyu ızgara yapmadan önce mümkün olduğu kadar uzun süre marine edin.

74.Tatlı patatesli pierogi

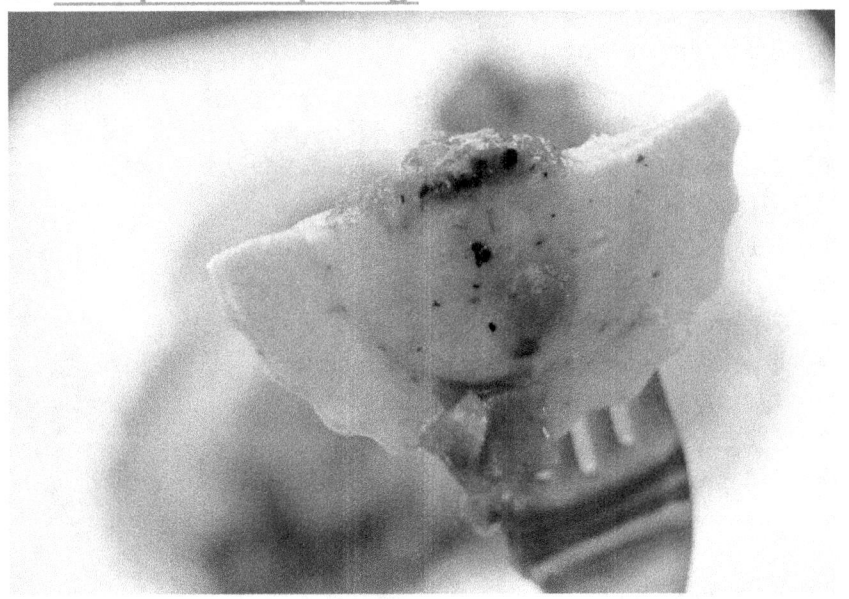

İÇİNDEKİLER:
HAMUR
- 3 bardak çok amaçlı un
- 1 çay kaşığı deniz tuzu
- 1 bardak kadar su
- 1 yemek kaşığı bitkisel yağ

DOLGU
- 3 1/2 C tatlı patates, soyulmuş ve küp şeklinde
- 2 diş sarımsak, kıyılmış
- 2 yemek kaşığı besin mayası
- 2 yemek kaşığı vegan hindistan cevizi yağı
- 1/2 çay kaşığı taze dereotu
- 1/4 çay kaşığı kurutulmuş adaçayı
- 1/4 çay kaşığı deniz tuzu
- 1/4 çay kaşığı öğütülmüş karabiber

TALİMATLAR:
a) Bir tencerede tuzlu suyu kaynatın, ardından tatlı patates küplerini 10 dakika veya iyice pişip yumuşayana kadar pişirin.

b) Tatlı patatesler pişerken çok amaçlı un ve deniz tuzunu birleştirerek hamuru hazırlayın. Daha sonra karışana kadar su ve yağı ekleyin.

c) Hamuru hafifçe unlanmış bir yüzeyde bir araya gelinceye ve biraz yapışkan olana, ancak ellerinize yapışacak kadar yapışkan olmayana kadar yoğurun. Hamur topunu hafifçe unlayın.

ç) Hamuru ikiye bölün ve her küçük topu plastik ambalaja sarın. Doldurmayı yaparken hamuru soğutun.

d) Tatlı patatesleri süzün ve geri kalan dolgu malzemeleriyle birlikte ezin.

e) Pierogi doldurulmaya hazır olana kadar buzdolabında saklayın.

f) Börekleri hemen pişirecekseniz, yuvarlarken, keserken ve doldururken büyük bir tencerede tuzlu suyu kaynatmaya başlayın.

g) Hafifçe unlanmış bir yüzeyde 1/16 inç kalınlığa kadar bir top hamur açın. 3 12 ila 4 inçlik yuvarlak kurabiye kesiciyle hamur halkalarını kesin.

ğ) Hamuru yuvarlayıp daireler keserken, her birini hafifçe tozlanmış bir fırın tepsisine veya tavaya yerleştirin ve bir kurulama beziyle örtün. Kalan hamur topuyla tekrarlayın.
h) Her bir hamur turunun bir tarafına 12 ila 34 yemek kaşığı tatlı patates dolgusu yayın. Yakınınızda küçük bir tabak su bulundurun.
ı) Parmağınızla dairenin yarısının kenarına biraz su sürün, hamurun diğer tarafını dolgunun üzerine katlayın, hafifçe bastırın ve pierogi'yi kapatmak için iki tarafı hafifçe birbirine kıvırın.
i) Üst üste binmeden her pierogiyi unlanmış fırın tepsisine veya tepsiye geri koyun.
j) Pierogileri küçük porsiyonlar halinde, yukarıya çıkana kadar, yaklaşık 1 ila 2 dakika kadar haşlayın. Delikli bir kaşıkla bunları sudan çıkarın ve bir fırın tepsisine veya tabağa koyun.
k) Servis yapmadan hemen önce, börekleri bir tavada vegan hindistancevizi yağıyla birlikte orta ateşte altın rengi kahverengi olana kadar her tarafı yaklaşık 2 ila 3 dakika olacak şekilde gruplar halinde pişirin.
l) Vegan hindistancevizi kreması veya baharatlı kaju hindistan cevizi kreması, karamelize soğan ve/veya kızarmış mantarlarla servis yapın!

75.Vegan ıspanaklı top makarna

İÇİNDEKİLER:

- 2 yemek kaşığı öğütülmüş keten
- 2 yemek kaşığı limon suyu
- 450 gr / 16 oz. taze ıspanak
- 3 yemek kaşığı besin mayası
- 2 diş sarımsak, ince rendelenmiş
- ½ çay kaşığı tuz, isteğe göre daha fazla tuz
- ¼ çay kaşığı biber, tatmak için
- bol miktarda rendelenmiş hindistan cevizi, damak tadınıza göre ayarlayın
- 2 su bardağı iri galeta unu
- pişirme veya kızartma için yağ

TALİMATLAR:

a) Küçük bir kapta öğütülmüş keten / chia tohumlarını, 2 yemek kaşığı limon suyunu ve 60 ml / 14 yemek kaşığı suyu birleştirin. Sosun kalınlaşması için zaman tanıyın.

b) Ispanakları kaynar suda 1-2 dakika haşlayın, süzün ve hemen bir kase buzlu suya daldırın veya renginin korunması için soğuk su altında durulayın.

c) Ellerinizi kullanarak ıspanakların suyunu mümkün olduğu kadar sıkın. Kuru ıspanakları ince ince doğrayın.

ç) Bir karıştırma kabında galeta unu (ve yağ) dışındaki tüm malzemeleri birleştirin. Karışımın çok kuru veya çok nemli olmadığından emin olarak, ekmek kırıntılarını yavaş yavaş ekleyin. Karışım çok ıslaksa ekmek kırıntılarının tamamına ihtiyacınız olmayabilir veya biraz daha fazlasına ihtiyacınız olabilir. İçgüdülerinle git.

d) Karışımdan elinizle ceviz büyüklüğünde küçük toplar yapın. En az 2 saat buzdolabında saklayın.

e) Ispanak toplarınızı kızartmak isterseniz daha fazla galeta ununa bulayın .

f) 180°C / 355°F sıcaklıkta yağlanmış fırın tepsisinde, yarısına kadar çevirerek yaklaşık 20 dakika pişirebilir veya bol yağda her tarafı kızarana kadar kızartabilirsiniz.

76.Patates ve Havuçlu Börekler

İÇİNDEKİLER:

HAMUR:
- Çok amaçlı un – 500g
- Ilık Su – 230 ml
- Tuz – 1,5 çay kaşığı
- Zeytinyağı – 2 yemek kaşığı

DOLGU:
- Patates – 600g
- 1 bardak v egan peyniri
- Tuz – 1,5 çay kaşığı
- Soğan – 1 büyük, ince doğranmış
- Öğütülmüş biber – 1 çay kaşığı
- Rendelenmiş hindistan cevizi – 2 tutam (isteğe bağlı)

YAĞDA KIZARTMAK:
- Hindistan cevizi yağı – 1 yemek kaşığı

GARNİTÜR:
- Kıyılmış frenk soğanı ve karamelize soğan.

TALİMATLAR:

DOLGU:

a) Zeytinyağını bir tavada ısıtın ve doğranmış soğanı altın kahverengi olana kadar hafifçe pişirin.

b) Patatesi, üzerini kaplayacak kadar suyla orta boy bir tencereye koyun. [Düdüklü tencere veya hazır tencere kullanılabilir.] Tencerede suyu yüksek ateşte kaynatın. Yaklaşık 15 dakika veya patates yumuşayana kadar pişirin. Aşırı pişirmediğinizden emin olun.

c) Patatesi bir kevgir içinde süzdükten sonra tekrar tencereye alın. Patates eziciyle patatesleri ezin ve bitki bazlı süt, biber, peynir, hindistan cevizi ve karamelize soğanı ekleyin. Tuz da var.

HAMUR:

ç) Un, zeytinyağı ve tuzu bir karıştırma kabında birleştirin. İyice karıştırın ve yavaş yavaş su ekleyin. Hamuru iyice yoğurduktan sonra elinizle yoğurun. Eğer toplanamıyorsanız ekstra su ekleyin. Çok fazla su koyduğunuzu düşünüyorsanız ekstra un ekleyin.

d) Hamuru 5-10 dakika kadar yoğurup bir kenara koyun. Hamur yoğurulduktan sonra daha pürüzsüz ve elastik hale gelmelidir. Ama yapışkan bir şekilde değil!
e) Üzerini kapatıp dinlenmesi için 30 dakika bekletin.
f) Hamur dinlendikten sonra, yuvarlanma yüzeyine un serpin, hamurdan bir parça alın ve 1-2 mm inceliğinde açın. Ne kadar ince yaparsanız köfteler o kadar lezzetli olur.
g) Ters bir bardak kullanarak hamurdan daireler kesin.
ğ) Her dairenin ortasına bir çay kaşığı dolusu iç harçtan koyun, ikiye katlayın ve yarım dairenin köşelerini parmaklarınızla birbirine bastırın.
h) Büyük bir su tenceresinde börekleri kaynatın .
ı) Börekleri delikli bir kaşık kullanarak 3-4 dakika veya yüzene kadar pişirin.
i) Hepsi bitene kadar yeni bir parti pişirmeye devam edin.

77. Haşlanmış Mantı

İÇİNDEKİLER:

- 1 ½ su bardağı elenmiş çok amaçlı un
- ½ çay kaşığı tuz
- ¼ çay kaşığı kabartma tozu
- ½ su bardağı margarin
- Yaklaşık ¼ su bardağı su

TALİMATLAR:

a) Fırını önceden 400 Fahrenheit dereceye ısıtın. Kuru malzemeleri bir elek içerisinde birleştirin.

b) Karışımı bir arada tutmaya yetecek kadar su kullanarak margarini bir pasta kesiciyle kesin.

c) Hamuru unlanmış tezgahta tart hamuru gibi açın. Kareleri 3 inçlik karelere kesin.

ç) Her karenin ortasına yaklaşık 1 çay kaşığı dolusu koyun. Dolguyu tamamen kaplamak için kareleri ikiye katlayın. Bir çatal kullanarak kenarları birbirine kıvırın.

d) Yapışmaz bir kurabiye tepsisinde 20 dakika veya altın rengi kahverengi olana kadar pişirin.

78.Yabanmersinli Pierogi

İÇİNDEKİLER:
HAMUR İÇİN
- 2 su bardağı (500 gr) çok amaçlı un
- 1 bardak sıcak bitki bazlı süt
- 1 çay kaşığı tuz

YABAN MERSİNİ DOLGUSU İÇİN
- 2 su bardağı yaban mersini/yaban mersini
- 1 yemek kaşığı çok amaçlı un

SÜSLEME
- şekerli krema, %12 veya %18
- üzerine serpmek için bir tutam pudra şekeri/pudra şekeri

TALİMATLAR:
HAMUR İÇİN
a) Unu eleyin ve un kubbesinin ortasına bir delik açın. Karışıma az miktarda sıcak bitki bazlı süt dökün ve karıştırın. Yumuşak, elastik bir hamur elde edene kadar gerektiği kadar bitki bazlı süt ekleyerek hızla yoğurun.
b) Hamuru birkaç parçaya ayırın. Unlanmış tezgahta hamurun ilk kısmını açın.
c) Hamuru merdaneyle ince bir tabaka halinde açın. Hamuru kesmek için bir bardak veya daire kesici kullanın.

YABAN MERSİNİ DOLGUSU İÇİN
ç) Taze yaban mersini serin akan su altında durulayın.
d) Pierogi yapmadan hemen önce dondurulmuş meyveleri dondurucudan çıkarın (köftelerin dondurulmuş meyvelerle birleştirilmesi daha kolaydır)
e) Kağıt havlu üzerinde kurulayın, tepsiye yayın ve 1 yemek kaşığı un serpin.
f) Her hamur dairesinin ortasına bir çay kaşığı yaban mersini koyun. Hamuru dolgunun üzerine katlayın ve kenarlarını birbirine kıvırın. Hamur ve yaban mersinleri bitene kadar devam edin.

BİTİRMEK
g) Bir tencerede tuzlu suyu kaynatın. Isıyı düşük bir seviyeye düşürün ve orada tutun.
ğ) Köfteleri ekleyin ve 5-6 dakika veya yüzene kadar pişirin.
h) Bu arada biraz şekerli krema hazırlayın. Karıştırma kabına biraz krema koyun, biraz pudra şekeri/pudra şekeri ekleyin ve hepsini karıştırın. Bir ısırık alın ve yeterince tatlı olup olmadığına bakın. Yeterince tatlı değilse daha fazla şeker ekleyin ve tekrar deneyin.
ı) Delikli bir kaşık kullanarak pierogiyi tencereden çıkarın. Üzerine bir tutam şekerli krema koyarak tabaklarda servis yapın.

79.Kayısı Kolache

İÇİNDEKİLER:
DOLGU İÇİN
- 100g (4 oz.) kuru kayısı
- 350 ml su
- 2 yemek kaşığı pudra şekeri

HAMUR İÇİN
- 225g (8 oz.) Hindistan cevizi yağı, yumuşatılmış
- 1 (200g) küvet vegan peyniri, yumuşatılmış
- 150g (5 oz.) pudra şekeri
- 250g (9 oz.) sade un

TALİMATLAR:
a) İç malzemeyi hazırlamak için ağır bir tencerede kayısıları ve suyu birleştirin ve üstü kapalı olarak orta ateşte 10 dakika veya kayısılar yumuşayana kadar pişirin.

b) Kayısıları ezin, 2 yemek kaşığı şeker ekleyin ve soğumaya bırakın. Denklemden çıkarın.

c) Hamuru hazırlamak için hindistancevizi yağı ve vegan peynirini hafif ve kabarık olana kadar krema haline getirin, ardından 150 gr şeker ekleyin ve iyice karıştırın.

d) Unu iyice karıştırın. Hamuru top haline getirin ve bir saat kadar soğutun.

e) İyice unlanmış bir yüzeyde hamurun yarısını açın ve onunla çalışın. 25cm kalınlığında yuvarladıktan sonra 5cm kareler halinde kesin.

f) Karenin ortasına 1/2 çay kaşığı kayısı dolgusunu yerleştirin. Dört köşeyi merkeze getirin ve mühürlemek için birbirine bastırın.

g) 200°C/Gaz işareti 6'da yaklaşık 15 dakika pişirin.

TATLILAR

80.Ukraynalı huysuz

İÇİNDEKİLER:

- 4 su bardağı elenmiş un
- 6 Yumurta
- 1 bardak Ekşi krema
- 2 yemek kaşığı Şeker
- ¼ çay kaşığı Tuz
- 1 çay kaşığı Vanilya
- 2 yemek kaşığı Tereyağı
- ½ çay kaşığı Badem aroması
- Sarısı - iyi dövülmüş

TALİMATLAR:

a) Yumurta sarısını hafif oluncaya kadar çırpın. Ekşi krema, vanilya, tereyağı ve badem aromasıyla birlikte kuru malzemeleri ekleyin. İyice yoğurun.

b) ⅛ inç kalınlığa kadar yuvarlayın. Hamur tekerleği ile 1 x 3 inçlik şeritler halinde kesin.

c) Her şeridin ortasında uzunlamasına bir yarık açın ve bir ucunu içeri doğru çekin.

ç) Sıcak derin yağda yaklaşık 2 dakika veya hafifçe kızarana kadar kızartın. Ağır kağıt üzerine boşaltın.

d) Soğuyunca üzerine şekerleme şekeri serpin.

81. Ukraynalı Cheesecake

İÇİNDEKİLER:
- galeta
- 2 su bardağı Süzme Peynir
- ½ bardak) şeker; Granül
- 2 çay kaşığı Mısır Nişastası
- ½ su bardağı Ceviz; doğranmış,
- 3 yumurta; Büyük, Ayrılmış
- ½ bardak Ekşi Krema
- 1 çay kaşığı Limon Kabuğu; Rendelenmiş

TALİMATLAR:
a) Fırını 325 derece F'ye önceden ısıtın.
b) Süzme peynirini bir elekten geçirin ve süzün.
c) Büyük bir karıştırma kabında yumurta sarılarını hafif ve köpüklü olana kadar çırpın, ardından şekeri yavaşça ekleyerek çok hafif ve pürüzsüz hale gelinceye kadar çırpmaya devam edin.
ç) Süzme peynirini yumurta karışımına ekleyin, iyice karıştırın, ardından ekşi krema, mısır nişastası, limon kabuğu ve cevizi (istenirse) ekleyin. Tüm malzemeler iyice karışana ve karışım pürüzsüz hale gelinceye kadar karıştırın.
d) Başka bir büyük karıştırma kabında yumurta aklarını yumuşak tepeler oluşana kadar çırpın, ardından yavaşça hamura katlayın. Karışımı hazırlanan kabuğa dökün ve yaklaşık 1 saat pişirin.
e) Servis yapmadan önce oda sıcaklığına soğutun.

82. Bajaderki

İÇİNDEKİLER:
HAMUR İŞİ
- ½ kilo hazır kek veya bisküvi (muffin, brownie vb.)
- 1 su bardağı kıyılmış hindistan cevizi
- 1 bardak kuru üzüm
- ½ su bardağı ince kıyılmış her türlü fındık
- 1 su bardağı ufalanmış çıtır bisküvi
- Her çeşit aromalı alkol (yetişkin versiyonu için), miktar hacme bağlıdır
- 2-3 yemek kaşığı frenk üzümü reçeli
- 1 limonun suyu ve kabuğu rendesi

BUZ ÖRTÜSÜ
- 100 gram bitter çikolata
- 1 çay kaşığı hindistancevizi yağı

TALİMATLAR:
HAMUR
a) Homojen bir karışım oluşturmak için bisküvileri elinizle dikkatlice ezin. Yer mantarı kombinasyonuna benzer kil benzeri yoğun bir karışım yapmak için badem, hindistancevizi, limon suyu ve kabuğu rendesi, kuru üzüm, şarap ve reçeli birleştirin.
b) 1 saat kadar buzdolabında bekletin.
c) Daha sonra hamuru ceviz büyüklüğünde veya daha büyük toplar halinde yuvarlayın. Bunları bir fırın tepsisine yerleştirin.

BUZ ÖRTÜSÜ
ç) Su banyosunda çikolata ve hindistancevizi yağını eritin.
d) Topları tek tek kremanın içine sokun. Çatal yardımıyla ters çevirip pişirme kağıdının üzerine dizin.
e) Topları 2 saat boyunca veya buzlanma sertleşene kadar buzdolabında saklayın.

83.Çikolata kremalı Mazurek

İÇİNDEKİLER:
HAMUR
- 2 su bardağı sade buğday unu veya sade buğday unu
- 100 gr sıvı hindistan cevizi yağı
- 1 dolu yemek kaşığı nişasta
- 2 yemek kaşığı rafine edilmemiş pudra şekeri
- 10-12 yemek kaşığı soğuk su

KREM
- 15 nane yaprağı
- 1½ su bardağı pişmiş beyaz fasulye
- 100 gram bitter çikolata (%70 kakao oranı)
- 1 portakalın suyu ve kabuğu rendesi
- 1 çay kaşığı tarçın
- 2-3 çay kaşığı hurma şurubu veya başka bir şurup

TALİMATLAR:
HAMUR

a) Un, nişasta ve pudra şekerini bir karıştırma kabında birleştirin. Hindistan cevizi yağını tamamen karıştırın. Suyu yavaş yavaş dökün. İyice yoğurun.

b) Hamur, pierogis için kullanılana benzer şekilde yumuşak ve elastik olmalıdır. Pişirme kağıdı üzerinde 4-5 mm kalınlığında açın. Kağıttan bir dikdörtgen veya başka bir form yapın. Çatalla her yerine batırın.

c) Fırını önceden 190°C/375°F'ye ısıtın ve 20 dakika pişirin. Soğutma için zaman tanıyın.

KREM

ç) Fasulyeleri, naneyi ve şurubu pürüzsüz hale gelinceye kadar bir karıştırıcıda birleştirin.

d) Meyve suyunu ve lezzetini kaynatın. Çikolata eriyene kadar karıştırın. Harmanlanmış fasulye ve tarçını dikkatli bir şekilde karıştırın.

e) Kremayı milföy hamurlarının üzerine yayın ve üzerini garnitürlerle süsleyin. Krema koyulaşana kadar buzdolabında bekletin.

84. Balkabağı mayalı Bundt keki

İÇİNDEKİLER:

- 1 bardak kabak köpüğü
- 2½ su bardağı sade buğday unu veya buğday keki unu
- ½ bardak herhangi bir bitki bazlı süt
- 7 gram kuru maya
- ½ su bardağı şeker kamışı veya herhangi bir rafine edilmemiş şeker
- 1 limonun suyu ve kabuğu rendesi
- 1 yemek kaşığı sıvı hindistan cevizi yağı
- 1 su bardağı kurutulmuş kızılcık

TALİMATLAR:

a) Un, maya, şeker ve kızılcıkları bir karıştırma kabında birleştirin.

b) Küçük bir tencerede kabak köpüğünü, bitki bazlı sütü, limon suyunu, kabuğu rendesini ve hindistancevizi yağını yavaşça ısıtın. Islak malzemeleri hamura yoğurun. Bu işlemin tamamlanması yaklaşık 8 dakika sürecektir.

c) Bundt kek kalıbına ince bir tabaka un serpin ve yağlayın. Hamuru tavaya alıp üzerini örtün ve ılık bir yerde 1 saat mayalanması için bekletin.

ç) Fırını önceden 180°C/350°F'ye ısıtın ve 35 dakika (tahta kürdan temiz çıkana kadar) pişirin.

85.Kremalı rulolar

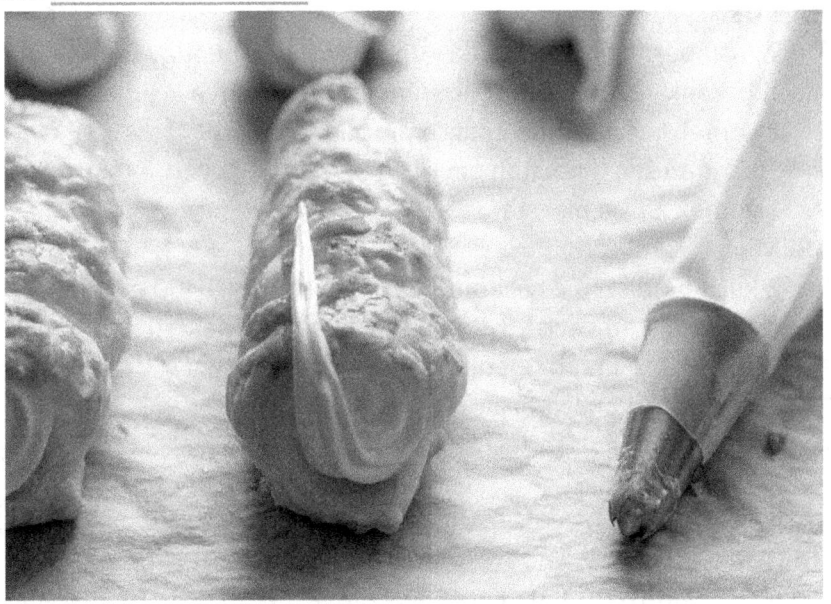

İÇİNDEKİLER:

HAMUR
- 2 ½ su bardağı sade buğday unu veya sade buğday unu
- ¾ bardak vegan krema (örneğin ev yapımı soya kreması)
- 2 yemek kaşığı rafine edilmemiş pudra şekeri
- 100 gram sıvı hindistan cevizi yağı
- 1 yemek kaşığı nişasta

KREM
- 2 kutu hindistan cevizi bitki bazlı süt (her biri 400 gram, %17 yağ, %75 hindistan cevizi, 1-2 gün buzdolabında bekletilmiş)
- 1 yemek kaşığı rafine edilmemiş pudra şekeri
- 2 çay kaşığı vanilya özü
- 1 limon kabuğu rendesi

TALİMATLAR:

HAMUR

a) Hamur pürüzsüz hale gelinceye kadar tüm malzemeleri yoğurun.
b) Hamuru 2-3 mm kalınlığa gelinceye kadar açın. 1 cm genişliğinde şeritler halinde kesin. Servis yapmadan önce 10 dakika buzdolabında bekletin.
c) Ruloları parşömen kağıdıyla kaplı bir fırın tepsisine yerleştirin. Fırını önceden 200°C/400°F'ye ısıtın ve 15 dakika pişirin. Kornetlerden çıkarmadan önce biraz soğumalarını bekleyin. Tüm hamurunuzu tüketene kadar tekrar edin.

KREM

a) Hindistan cevizi sütünün beyaz katı kısmını kutulardan çıkarın. Pudra şekeri kullanarak iyice karıştırın.
b) Vanilya ekstraktını ve limon kabuğu rendesini dikkatlice karıştırın.
c) Kremayı sıkma torbasına alıp boş ruloların içine dolguyu sıkın. Süslemek için meyve kullanabilirsiniz, üzerini süslemek için ise pudra şekeri kullanabilirsiniz.

86.Gofretler

İÇİNDEKİLER:
- 5 adet büyük dikdörtgen gofret
- ½ kilo frenk üzümü reçeli
- 3 su bardağı haşlanmış nohut (1 su bardağından fazla veya az kuru)
- 1 kutu hindistan cevizi bitki bazlı süt
- 1 çay kaşığı vanilya özü
- 2 yemek kaşığı şeker kamışı
- 2 yemek kaşığı kakao
- 200 gram bitter çikolata (%70 kakao oranı)

TALİMATLAR:

a) Hindistan cevizi bitkisi bazlı süt kutusunu açın ve beyaz katı kısmı çıkarın. Bir tencerede kaynatın. Ateşten alıp çikolatayı, kakaoyu, vanilya özütünü ve şekeri ekleyip karıştırın.

b) Tüm malzemeler eriyene kadar karıştırın. Nohutları tamamen karıştırın.

c) Gofret tabakasını bir tahta parçasının üzerine yerleştirin. Kremanın yarısını ve diğer gofretle üzerini kapatın.

ç) Üzerine reçelin yarısını sürün. Kalan krema, reçel ve gofret tabakalarıyla aynı işlemi tekrarlayın. Düğmeye yavaşça basın.

d) 4-5 saat buzdolabında bekletin.

87.Tatil elmalı turtası

İÇİNDEKİLER:

- 3 su bardağı sade buğday unu veya sade buğday unu
- 2 düz yemek kaşığı nişasta
- 2 düz yemek kaşığı rafine edilmemiş pudra şekeri
- 50 gram sıvı hindistan cevizi yağı
- 15 yemek kaşığı soğuk su
- 2 kilo pişirme elması
- 1 çay kaşığı tarçın
- 1 çay kaşığı öğütülmüş kakule
- 1 bardak kuru üzüm
- 1 su bardağı ceviz
- 1 bardak ekmek kırıntısı

TALİMATLAR:

a) Un, nişasta, pudra şekeri ve hindistancevizi yağını özenle birleştirin. Her eklemeden sonra hamuru karıştırarak veya yoğurarak bir seferde bir çorba kaşığı su ekleyin. Tüm malzemeler karıştırıldıktan sonra hamuru elastik ve pürüzsüz hale gelinceye kadar yoğurun.

b) Hamuru iki eşit yarıya ayırın. Bunlardan biri 20 x 30 cm/8 x 12 inç ölçülerinde bir fırın kağıdı üzerine açılmalıdır. Hamuru çatalla birkaç kez delin, bir fırın tepsisine koyun ve 30 dakika soğutun. Kalan hamur kısmını 45 dakika kadar dondurucuya koyun.

c) Tepsiyi buzdolabından çıkarıp 190°C sıcaklıkta 15 dakika pişirin. Rahatlamanıza izin verin. Bu arada elmaları hazırlayın.

ç) Elmaları soyun ve çekirdeklerini çıkarın. Peyniri rende veya mandolin dilimleyici kullanarak rendeleyin. Tarçın, kuru üzüm ve kalın kıyılmış cevizleri bir karıştırma kabında birleştirin. Elmalar çok ekşi ise bal ekleyebilirsiniz.

d) Ekmek kırıntılarını yarı pişmiş tabanın üzerine eşit şekilde dağıtın. Daha sonra elmalar puf böreğinin üzerine serpilmelidir.

e) Dondurulan hamuru elmaların üzerine yerleştirip rendeleyin. Fırını 180°C/350°F'ye önceden ısıtın ve 1 saat pişirin.

88.Patatesli zencefilli bisküvi

İÇİNDEKİLER:

- ½ kilo soyulmuş patates
- 5 yemek kaşığı sıvı hindistan cevizi yağı
- ½ bardak hurma şurubu veya başka bir şurup
- 2 çay kaşığı karbonat
- 2½ su bardağı sade buğday unu veya sade buğday unu
- ½ su bardağı nişasta
- 4 yemek kaşığı zencefilli baharat
- 1 yemek kaşığı kakao

TALİMATLAR:

a) Patatesleri yumuşayıncaya kadar pişirin, sonra soğutun ve patates rendesi ile doğrayın. Hurma şurubunu ve hindistancevizi yağını bir kasede birleştirin.

b) Ayrı bir kapta un, nişasta, kabartma tozu ve zencefilli kurabiye baharatını birleştirin. Sıvıları ekledikten sonra hamuru yoğurun.

c) Bir hamur tahtasına veya hamur işi matına un serpin ve hamuru yaklaşık 5 mm kalınlığa kadar açın.

ç) Bisküvi kesicileri kullanarak çeşitli şekilleri kesin. Fırını önceden 170°C/325°F'ye ısıtın ve 10 dakika pişirin. Soğumaya bırakın ve dilediğiniz gibi süsleyin.

89. Meyve ve Fındıklı Fırında Elma

İÇİNDEKİLER:

- 6 adet pişirme elması, yıkanmış ve çekirdekleri çıkarılmış
- 6 yemek kaşığı vegan granül tatlandırıcı
- 6 yemek kaşığı çilek veya kayısı meyve konservesi
- ½ su bardağı kıyılmış ceviz

TALİMATLAR:

a) Fırını önceden 350 Fahrenheit dereceye ısıtın. Elmaları birbirine temas ettiğinden ve sağlam bir şekilde oturduklarından emin olarak pişirme kabına yerleştirin.

b) Her elmanın çekirdeğine 1 çay kaşığı şeker ve ardından konserve koyun. Son dokunuş olarak fındık ekleyin. Pişirme kabına bir inç su eklenmelidir.

c) Fırını önceden 350°F'ye ısıtın ve 30 dakika veya elmalar yumuşayana kadar pişirin.

ç) Hemen servis yapın veya soğutun.

90. Vegan Berry cheesecake

İÇİNDEKİLER:

- 4 (8oz / 225 g) paket vegan krem peynir
- 0,5 oz. Agar Agar + 1 su bardağı sıcak su
- 1 kutu (3 ons) vegan limonlu jöle + 1 bardak sıcak su
- 1/4 su bardağı pudra şekeri
- gofret
- Taze çilek veya ahududu
- 2 kutu (her biri 3 ons) vegan çilekli jöle

TALİMATLAR:

a) Bir bardak sıcak suda 2 paket Agar ve 1 bardak limonlu jöleyi eritin.

b) Peynir hazır olduğunda yaklaşık 2 dakika veya kabarıncaya kadar çırpın. Agar Agar ve jöle azar azar eklenmelidir.

c) Tüm topaklar kaybolana kadar karıştırın. Şekeri ekleyin ve her şey iyice karışıncaya kadar çırpmaya devam edin.

d) Vanilyalı gofretleri yay formunun altına yerleştirin. Tavayı krem peynirli karışımla doldurun. En az 2 saat buzdolabında bekletin .

e) Yarısı kadar su ile çilekli jöle yapın (her kutuya 1 bardak, iki kutudan toplam 2 bardak). Birkaç dakika soğumaya bırakın.

f) Hazırlanan peynir karışımının üzerine çilekleri yerleştirin. Jöle sertleşene kadar buzdolabında bekletin, ardından çileklerin üzerine dökün.

91. Tatlı tahıllı puding

İÇİNDEKİLER:
- 1 bardak buğday meyveleri veya arpa
- 4 yemek kaşığı Akçaağaç şurubu
- ½ su bardağı (115 gr) şeker
- 2 su bardağı (450 gr) haşhaş tohumu
- Bakalie

TALİMATLAR:
a) Buğday meyvelerini duruladıktan sonra bir gece önceden ıslatın.
b) Taneleri yumuşayana kadar suda bekletin, ardından süzgeçte süzün.
c) Haşhaş tohumlarını, akçaağaç şurubunu, şekeri, bakaliyi ve buğday meyvelerini bir karıştırma kabında birleştirin.

92.cevizli hilal kurabiyesi

İÇİNDEKİLER:

- 1⅓ su bardağı (150 gr) un
- 6 yemek kaşığı hindistan cevizi yağı
- ⅓ su bardağı (65 gr) ince çekilmiş ceviz
- ¼ su bardağı (55 gr) şeker

TALİMATLAR:

a) Fırını 300 Fahrenheit'e (150 santigrat derece) önceden ısıtın.
b) Tüm malzemeleri bir araya getirerek hamur haline getirin.
c) Hamuru elinizle uzun bir ip şeklinde açın ve her 3 inçte (7,5 cm) kesin.
ç) Her parçadan hilal şekli verip fırın tepsisine dizin.
d) Yaklaşık 20 dakika veya kurabiyeler hafifçe kızarana kadar pişirin. Pudra şekeri serpmeden önce soğumaya bırakın.

93.Erik güveç

İÇİNDEKİLER:
- 2 lb. (900 g) taze erik
- isteğe bağlı: ¾ bardak (170 g) şeker

TALİMATLAR:
a) Erikleri durulayın ve çekirdeklerini çıkarın.
b) Erikleri az miktarda suyla (üstlerini kaplayacak kadar) kaynatın ve ara sıra karıştırın.
c) Daha tatlı bir tat için iki saat sonra şeker eklenebilir.
ç) Güveç koyulaştığında ve suyun çoğu buharlaştığında cam kavanozlara dökün ve serin bir yerde saklayın.
d) Pişirme süresinin sonuna doğru lezzet katmak için hindistan cevizi, limon suyu veya tarçın ekleyin.

94.Marmelat

İÇİNDEKİLER:
- Elma, armut, kayısı, kiraz ve/veya çilek gibi 2 lb. (900 g) taze meyve
- 1¾ su bardağı (395 gr) şeker

TALİMATLAR:
a) Kullandığınız meyve veya meyvelere bağlı olarak temizleyin, soyun ve çekirdeklerini çıkarın.
b) Az miktarda suyla (kaplayacak kadar) ara sıra karıştırarak kaynatın.
c) Meyveler yumuşayınca blenderda püre haline getirin veya rendenin en küçük deliklerinde rendeleyin.
ç) Sürekli karıştırarak, kütle kalınlaşana kadar kısık ateşte pişirin.
d) Cam kavanozlara dökün ve buzdolabında saklayın.

95.Paskalya keki

İÇİNDEKİLER:
KURBA KABUK
- 1 ½ su bardağı un
- ½ su bardağı şeker, ince taneli
- ½ bardak hindistan cevizi yağı
- 1 çay kaşığı vanilya özütü (isteğe bağlı)

SÜSLEME
- 1 ½ bardak Vegan Dulce de leche
- fındık, kuru meyveler, dekorasyon amaçlı şekerler

TALİMATLAR:
a) Bir mutfak robotunda un ve şekeri birleştirin ve pürüzsüz hale gelinceye kadar nabız atın. Daha sonra küçük parçalar halinde doğranmış Hindistan cevizi yağını ekleyin ve ufalanana kadar çırpın.

b) Suyu ve isteğe bağlı vanilya özünü ayrı bir kapta birleştirin.

c) Fırını önceden 350°F'ye ısıtın ve hamuru seçtiğiniz tavaya itin. Ya hamurun kenarlarını yukarı doğru bastırarak kenarları yapın ya da bir miktar hamurla ayrı bir süs kenarı yapın.

ç) Hamurun kabarmasını önlemek için tabanını çatalla delin. Daha sonra yaklaşık 30 dakika boyunca 375 Fahrenheit derecede pişirin.

d) Tavanızın boyutuna ve şekline bağlı olarak kabuğunu fırının orta rafında 20-35 dakika pişirin. Kabuk altın rengine dönecek ve mutfağınız hindistan cevizi yağı aromasıyla dolacak. Fırından çıkardıktan sonra soğumaya bırakın.

e) Vegan Dulce de leche veya başka herhangi bir karamel kreması kullanın. Karamelinizi bir tencereye koyarak ısıtın. Karameli pasta kabuğunun içine dökün ve birkaç dakika bekletin.

f) Karameliniz hazırlanırken yenilebilir süslemelerinizi hazırlayın.

96.Vanilyalı Muhallebi Puding

İÇİNDEKİLER:

- ½ vanilya çubuğu, ½ yemek kaşığı vanilya özü ile karıştırılabilir
- 2 su bardağı + 2 yemek kaşığı bitki bazlı süt
- 5-7 çay kaşığı şeker
- 3 yemek kaşığı patates unu, mısır unu veya mısır nişastası ile karıştırılabilir
- İsteğe göre servis için 3-4 çay kaşığı ahududu şurubu

TALİMATLAR:

a) Vanilya çubuğunun yarısını uzunlamasına kesin ve çekirdeklerini bıçakla kazıyın. Denklemden çıkarın.

b) 1,5 su bardağı (350 mL) bitki bazlı sütü, vanilya çekirdeklerini ve şekeri kaynatın.

c) Patates ununu kalan soğuk bitki bazlı sütle karıştırın. Kaynayan bitki bazlı sütün topaklanmasını önlemek için çırpma teli ile hızlıca karıştırın.

ç) Kaynatın, ardından sürekli karıştırarak yaklaşık 1 dakika veya muhallebi koyulaşana kadar pişirin.

d) Ocaktan aldıktan sonra tek tek tatlı bardaklarına veya tabaklara dökün.

e) Üzerine birkaç damla ahududu şurubu ekleyin ve hemen servis yapın.

97.Kremalı Şekerleme

İÇİNDEKİLER:
- 1/2 su bardağı şeker
- 2-14 onsluk kutu yoğunlaştırılmış bitki bazlı süt
- 1/3 bardak hindistan cevizi yağı

TALİMATLAR:
a) Şekeri ve yoğunlaştırılmış bitki bazlı sütü orta boy bir tencerede birleştirin. Kaynamaya başlayınca ateşi en aza indirin ve yavaş yavaş ve sürekli karıştırmaya devam edin. Karıştırırken son derece dikkatli olunmalıdır.

b) 15-20 dakika kaynattıktan sonra karışımı 225-235°F sıcaklığa getirin. Tavayı ocaktan alın ve hindistancevizi yağını ekleyin ve 3 dakika boyunca sürekli çırpın.

c) Hamuru hazırlanan tavaya dökün ve en az 30 dakika soğutmadan önce tamamen soğutun.

d) Tavadan çıkarıp parçalara ayırın. Her birinin etrafına mumlu kağıt sarın. Kurumasını önlemek için sarılı kısımlar kapalı bir kapta saklanmalıdır.

98.Çikolata Erikli Badem

İÇİNDEKİLER:

- 24 çekirdekleri çıkarılmış kuru erik (kurutulmuş erik)
- 24 bütün badem, kızarmış
- 8 ons yarı tatlı çikolata parçacıkları
- süslemek için ezilmiş fındık

TALİMATLAR:

a) Fırını önceden 350°F'ye ısıtın ve fırın tepsisini alüminyum folyo veya mumlu kağıtla kaplayın.
b) Çikolatayı tamamen eriyene kadar mikrodalgada ısıtın.
c) Çikolata pürüzsüz hale gelinceye kadar karıştırmaya devam edin, ardından kuru erikleri hazırlarken biraz soğumaya bırakın.
ç) Her kuru eriğin ortasına, her kuru erik için bir tane olmak üzere bir badem yerleştirin.
d) Her kuru eriği çikolataya batırın ve tamamen boğun.
e) Şekeri hazırlanan fırın tepsisine yerleştirin ve çikolata hala ıslakken üstüne istenirse ezilmiş fındık serpin.
f) Kuru eriklerin tamamını fırın tepsisine yerleştirdikten sonra, servis yapmadan önce çikolatanın donması için 30 dakika soğutun.
g) Hava geçirmez bir kapta bir haftaya kadar buzdolabında saklayın .

99.Vegan tatlı peynirli rulolar

İÇİNDEKİLER:

HAMUR
- 250 gr / 2 su bardağı buğday unu
- ¼ çay kaşığı ince tuz
- 7 g / 2¼ çay kaşığı anlık kurutulmuş maya
- 35 gr / 3 yemek kaşığı şeker
- yaklaşık. 160 ml / 2/3 su bardağı ılık bitkisel bitkisel süt
- 30 g / 2 tepeleme yemek kaşığı hafif hindistancevizi yağı
- 2 çay kaşığı bitki bazlı süt + 1 çay kaşığı akçaağaç şurubu

DOLGU
- 135 g / 1 su bardağı çiğ kaju fıstığı, ıslatılmış
- 1 limon, kabuğu rendesi + 2-4 yemek kaşığı meyve suyu
- 2 çay kaşığı vanilya özü
- 80 ml / 1/3 su bardağı akçaağaç şurubu veya şeker
- 80 ml / 1/3 su bardağı bitki bazlı süt
- 15 g / 1 yığın yemek kaşığı hafif hindistancevizi yağı veya vegan hindistancevizi yağı
- 150 gr / 5,25 ons. olgun meyveler

TALİMATLAR:

DOLGU
a) Tüm sıvıları blenderin tabanına yerleştirin.
b) Süzülmüş ve yıkanmış kajuları ekleyin ve kadifemsi bir kıvama gelinceye kadar karıştırın.

HAMUR
c) Büyük bir karıştırma kabında un, tuz, hazır maya ve şekeri birleştirin.
ç) Bitki bazlı sütün çoğunu dökün (1 yemek kaşığı bırakın).
d) Çoğunlukla bir arada kaldıktan sonra karışımı bir çalışma yüzeyine çevirin.
e) Bir elinizle hamurun bir ucunu tutarak diğer elinizle hamuru uzatarak yoğurun.
f) Hindistan cevizi yağını hamurun içine dökün (eritmeye gerek yok).
g) Hamurun içindeki tüm havayı boşaltın ve hacim kazandıktan sonra 6-7 benzer parçaya bölün.

ğ) Her porsiyonu top haline getirin ve hafifçe yağlanmış bir fırın tepsisine koyun ve üzerini mutfak havlusu ile örtün.
h) Fırını önceden 180 santigrat dereceye (355 Fahrenheit derece) ısıtın.
ı) Elinizi kullanarak, her bir topu düzleştirin, ardından dolgu için derin bir girinti oluşturmak üzere her bir topun içine hafifçe yağlanmış bir cam tabana bastırın.
i) Hamur geri yaylanırsa baskının şeklini mükemmelleştirmek için parmaklarınızı kullanın.
j) Daha önce ürettiğiniz lezzetli 'peynir' karışımını ve üzerine meyveleri doldurun.
k) Hamuru bitkisel bazlı süt ve akçaağaç şurubu karışımıyla (dolgu değil) fırçalayın.
l) Fırını önceden 350°F'ye ısıtın ve 20 dakika pişirin.

100.Ukrayna usulü haşlanmış lahana suflesi

İÇİNDEKİLER:
- Her biri 1 adet Lahana, büyük, dış yaprakları sağlam halde
- Her biri 1 adet Soğan, büyük, kıyılmış
- 4 yemek kaşığı Tereyağı
- 1½ çay kaşığı Tuz
- ¾ bardak Süt
- ½ çay kaşığı kırmızı biber gevreği
- 1 çay kaşığı Beyaz biber
- 1 çay kaşığı Mercanköşk
- 3 Yumurta sarısı
- 5 Yumurta beyazı
- 1 çay kaşığı Şeker
- ½ diş sarımsak, kıyılmış

TALİMATLAR:
a) Lahananın çekirdeklerini çıkarın ve dış yapraklarını çıkarın. Bu büyük dış yaprakları kaynar suda 5 dakika haşlayın. Drenaj yapın ve bir kenara koyun. Lahananın çekirdeklerini çıkarın, parçalara ayırın ve büyük bir tencereye koyun.
b) Sütü lahananın üzerine dökün ve 25 dakika veya lahana yumuşayana kadar pişirin. Soğanı ve sarımsağı tereyağında soteleyin. Kıyılmış lahanayı, soğanı ve sarımsağı, sotelenmiş tereyağını, galeta ununu, yumurta sarısını ve baharatları karıştırın.
c) Yumurta aklarını sert fakat kuru olmayana kadar çırpın, ardından karışıma katlayın. Beyazlatılmış lahana yapraklarını geniş bir tülbent üzerine yayın. Üst üste bindiklerinden ve karışımın ortada bol miktarda yer kalacak şekilde sığacağından emin olun.
ç) Doldurma karışımını yaprakların ortasına dökün. Doldurmayı kaplayacak şekilde yaprakları yukarı katlayın. Peynirli bezin köşelerini bir araya getirip bir iple birbirine bağlayın.
d) Bu demeti dikkatli bir şekilde bir kevgir içine yerleştirin ve kevgiri birkaç inç suyun üzerinde derin bir tencereye yerleştirin. Tencerenin ağzını kapatacak şekilde kapatın. Tencereyi kaynatın ve 45 dakika kaynatın.
e) Peynirli bezi çözün, ters çevirin ve tülbenti çıkarın.
f) Sufleyi dilimler halinde keserek servis yapın.

ÇÖZÜM

"Otantik Ukrayna Mutfağı" ile mutfak yolculuğumuzu tamamlarken, Ukrayna mutfağını tanımlayan duygulu ve iç ısıtan lezzetleri keşfetmenin mutluluğunu yaşadığınızı umuyoruz. Bu sayfalardaki her tarif, Ukrayna mutfağını benzersiz ve keyifli bir deneyime dönüştüren zengin geleneklerin, çeşitli tatların ve sıcaklığın bir kutlamasıdır; her yemeğin getirdiği neşenin bir kanıtıdır.

İster pancar çorbasının zenginliğini tatmış olun, ister varenyky'nin rahatlığını benimsemiş olun, ister Ukrayna tatlılarının tatlılığına kendinizi kaptırmış olun, bu tariflerin Ukrayna'nın özgün tatlarını yeniden yaratma tutkunuzu ateşlediğine inanıyoruz. Malzemelerin ve tekniklerin ötesinde, "Otantik Ukrayna Mutfağı" bir ilham kaynağı, kültürel geleneklerle bir bağlantı ve her lezzetli yaratımın getirdiği neşenin bir kutlaması olsun.

Ukrayna mutfağı dünyasını keşfetmeye devam ederken, bu yemek kitabının, Ukrayna mutfaklarının zenginliğini ve duygulu doğasını sergileyen çeşitli tarifler konusunda size yol gösterecek güvenilir arkadaşınız olmasını dilerim. Otantik tatların tadına varmak, geleneksel yemekleri yeniden yaratmak ve her lokmanın getirdiği hazzı kucaklamak için buradayız. Çok güzel! (Afiyet olsun!)

www.ingramcontent.com/pod-product-compliance
Lightning Source LLC
Chambersburg PA
CBHW071331110526
44591CB00010B/1107